学科术语本体构建

Subject Term Ontology Construction

朱惠 著

南京大学出版社

序

　　本书作者朱惠博士在读博期间一直跟随我学习,于2015年获得南京大学管理学博士学位。她学习努力刻苦、悉心钻研,为专业研究打下了较为坚实的理论基础,同时也提高了自己的实践应用能力。在她的博士论文答辩过程中,评审专家对论文和答辩都给出了较好的评价。当她向我征询是否可以将博士论文修改后出版专著时,我积极鼓励并支持她完成这项工作。经过一年多的努力,她的书稿终于完成,我应邀写上数语,是为序,以鼓励她在未来的学术研究中取得更多更好的成绩。

　　本书的主题是利用本体学习方法和技术构建学科术语本体,这是一项颇具挑战性的工作,它突破了传统的手工构建知识本体的模式,引入知识自动抽取技术,通过计算机自动构建知识本体,大大提高了构建效率和质量。而早期构建知识本体是依靠本体工程师和领域专家通过手工方式来完成的,这样的构建方式不但耗费了大量的时间、人力和物力,还会受到领域专家知识结构、领域背景等主观因素的影响,缺乏客观性,从而导致结果出现偏差。现在借助本体学习方法和技术自动构建知识本体,能够避免手工构建模式的缺陷。本书正是从这一点出发开展研究,构建了领域本体学习系统模型,用于领域本体的自动生成,并对模型的合理性、可行性和有效性进行了实验验证,其研究成果在相关领域有很高的参考借鉴价值。

　　本书重点研究了本体学习系统的理论模型构建和关键技术解决,并将其有效地运用于"数字图书馆"这一学科领域,实现了学科知识的语义描述和合理组织,构建了学科术语本体。因此,该研究完善了知识发现方法,为有效的知识描述和知识组织提供了新的思路和途径,也为进一步的知识服务提供了结构基础。

对于呈现在读者面前的这本专著,我认为其价值主要有这样几个方面:

第一,建立了面向汉语非结构化文本的基于技术集成的领域本体学习系统模型。作者在总结分析国内外本体学习系统功能组成和学习流程的基础上,结合汉语非结构化文本的特点,集成多种数据挖掘技术和统计分析方法,建立了一个面向知识服务的领域本体学习系统模型,提出并论证了模型中关键组件的具体实现方案。

第二,实现了面向汉语非结构化文本的术语识别。目前中文自然语言处理处于瓶颈期,还不成熟,作者以关键词作为候选术语,经过统一规范、设置筛选指标和筛选原则获得了领域术语集。

第三,实现并验证了术语分类关系(层次关系)抽取的方法和策略。首先基于非结构化领域文档构建术语的向量空间模型,在此基础上,利用BIRCH预聚类和层次聚类相融合的两步聚类法挖掘术语的分类关系,并利用术语综合语义相似度指标确定各聚类类别的标签。

第四,实现并验证了术语非分类关系抽取的方法和策略。首先基于非结构化领域文档构建句子×术语向量空间模型,运用关联规则分析方法以及评价关联规则有效性和实用性的指标获取关联术语对,然后基于句子×〈术语,动词〉向量空间模型,再次利用关联规则分析方法和评价指标获取术语对与动词的关联规则,对两次关联规则分析的结果运用过滤规则进行过滤,获得最终的术语非分类关系及其标签。

第五,实现了学科术语本体的逻辑描述和关系数据库存储。运用网络本体描述语言OWL对构建的"数字图书馆"学科术语本体进行逻辑描述。OWL把本体中的概念(术语)描述为类(Class),概念(术语)的分类关系通过subClassOf这一属性来描述,概念(术语)的非分类关系通过用户自定义属性来描述。同时,也为学科术语本体设计了关系数据库存储模式,通过4张表来存储术语、术语分类关系、术语非分类关系、属性等本体元素。

第六,实现了学科术语本体的可视化。运用本体编辑工具Protégé中的可视化组件OntoGraf对学科术语本体进行可视化展示,借助工具中的一些功能,可以对术语以及术语间的关系有更直观形象的了解,并且可以从中发现新的领域知识。

面向汉语非结构化文本的本体学习是当前计算机科学和信息科学领域的前沿研究,是知识组织和知识管理得以实现和推广的技术基础。作者利用数据挖掘、统计分析等方法和技术,以"数字图书馆"学科领域的汉语非结构化文本为数据源,自动构建了术语本体,并实现了本体的描述、存储和可视化,力图在促进我国本体自动构建研究发展方面做出一定贡献。

作为一名青年学者,朱惠同志谦虚好学,勤于思考。这本书是她的第一本学术专著,作为她的导师,衷心期望她能以这本著作的出版为契机,不断进步和发展,为我国信息管理事业的发展做出更大的贡献。

苏新宁

2018 年 7 月 1 日

目 录

第1章 绪论 ··· 1
  1.1 语义网 ·· 1
  1.2 本体构建 ·· 3
  1.3 本体学习的研究历程和现状 ·· 4
    1.3.1 国外研究概述 ··· 5
    1.3.2 国内研究概述 ··· 10
    1.3.3 国内外研究评价 ··· 16
  1.4 本书研究内容 ·· 17
  1.5 本书研究意义 ·· 18

第2章 本体基本概念和理论 ··· 20
  2.1 本体的起源 ·· 20
  2.2 本体的定义 ·· 21
    2.2.1 国外学者对于本体的定义 ··· 21
    2.2.2 国内学者对于本体的理解 ··· 25
  2.3 本体的分类 ·· 27
  2.4 本体的主要描述语言 ··· 28
    2.4.1 本体描述语言特征 ··· 29
    2.4.2 主要的本体描述语言 ··· 30
  2.5 本体的作用 ·· 41
  2.6 本体学习工具 ·· 42
    2.6.1 Hasti ··· 43
    2.6.2 OntoLearn ·· 45
    2.6.3 Text-To-Onto ··· 46
    2.6.4 OntoBuilder ·· 47
    2.6.5 OntoLiFT ··· 48

		2.6.6 GOLF ··	49
		2.6.7 OntoSphere ···	50
		2.6.8 各本体学习工具比较分析 ···························	51
	2.7	本体与叙词表的对比分析 ····································	52
		2.7.1 术语与概念 ··	52
		2.7.2 叙词表的概念和应用 ································	53
		2.7.3 本体与叙词表的对比分析 ·························	54
	2.8	本章小结 ···	55

第3章	学科术语分类关系抽取 ··	57
3.1	方法描述 ··	58
3.2	数据基础 ··	59
3.3	术语抽取 ··	59
	3.3.1 初步抽取 ··	59
	3.3.2 二次抽取 ··	62
3.4	术语×文档向量空间模型构建 ··································	62
	3.4.1 非结构化文本 NLPIR 分词 ······························	63
	3.4.2 术语×文档频数矩阵 ·····································	64
	3.4.3 术语×文档权重矩阵 ·····································	65
3.5	改进的术语×文档向量空间模型构建 ························	69
	3.5.1 改进原因及方法 ··	69
	3.5.2 基于扫描的文档术语语义关联 ························	71
	3.5.3 基于扫描的术语×文档频数矩阵 ·····················	72
	3.5.4 基于扫描的术语×文档权重矩阵 ·····················	73
3.6	术语×词汇向量空间模型构建 ··································	74
	3.6.1 术语共现关系中介的转变 ································	75
	3.6.2 术语×词汇频数矩阵 ·····································	77
	3.6.3 术语×词汇权重矩阵 ·····································	78
3.7	学科术语分类关系抽取 ··	79
	3.7.1 BIRCH 算法预聚类 ··	79
	3.7.2 层次聚类 ··	81
	3.7.3 类标签的确定 ··	83
	3.7.4 实验结果及分析 ··	84

目录

  3.7.5 与现有方法及技术的对比 ······ 88
 3.8 本章小结 ······ 90

第4章 学科术语非分类关系抽取 ······ 91
 4.1 方法描述 ······ 92
 4.2 关联规则分析 ······ 93
  4.2.1 关联规则及其有效性和实用性 ······ 93
  4.2.2 Apriori 算法 ······ 96
  4.2.3 GRI 算法 ······ 97
 4.3 关联术语对的抽取 ······ 98
  4.3.1 句子×术语向量空间模型构建 ······ 98
  4.3.2 关联术语对的抽取 ······ 99
 4.4 学科领域动词的抽取 ······ 108
  4.4.1 NLPIR 词性标注分词 ······ 108
  4.4.2 学科领域动词的抽取 ······ 109
 4.5 非分类关系标签的分配 ······ 110
 4.6 与现有方法及技术的对比 ······ 112
 4.7 本章小结 ······ 113

第5章 学科术语本体的描述和存储 ······ 114
 5.1 本体的逻辑描述 ······ 114
  5.1.1 本体描述语言 OWL 概述 ······ 114
  5.1.2 学科术语本体的 OWL 描述 ······ 114
 5.2 本体的存储 ······ 117
  5.2.1 本体存储方式 ······ 119
  5.2.2 关系数据库存储模式 ······ 122
  5.2.3 学科术语本体存储模式的设计 ······ 124
  5.2.4 学科术语本体的存储 ······ 125
 5.3 本章小结 ······ 127

第6章 学科术语本体的可视化 ······ 129
 6.1 本体可视化工具 ······ 130
  6.1.1 Protégé ······ 130

    6.1.2 ToughGraph ………………………………………… 133
    6.1.3 Prefuse …………………………………………………… 136
  6.2 基于 Protégé 的学科术语本体可视化 ……………………… 137
    6.2.1 分类关系的可视化 …………………………………… 137
    6.2.2 非分类关系可视化 …………………………………… 139
  6.3 本章小结 …………………………………………………… 140

第 7 章 总结与展望 ……………………………………………… 142
  7.1 学科术语本体构建的关键内容 …………………………… 142
  7.2 学科术语本体构建中存在的问题 ………………………… 144
  7.3 后续研究 …………………………………………………… 145

参考文献 …………………………………………………………… 146

第 1 章 绪 论

1.1 语义网

万维网(World Wild Web,WWW)上信息资源的组织方式以超文本链接为基础,这样的组织方式使得人们能很好地理解和识别这些信息资源。随着越来越多信息资源的产生,人们发现这样的资源组织方式对于资源的检索和浏览越来越困难,因此,有必要对资源组织方式进行优化,以便让计算机能理解和识别这些信息资源[1]。针对这些问题,万维网的发明人即万维网联盟(W3C)的主任蒂姆·伯纳斯-李(Tim Berners-Lee)于1998年提出了语义网(Semantic Web,SWeb)这一新的概念[2],他希望能对信息资源进行语义描述,从而使得计算机能更好地理解信息资源的含义。相较于万维网,语义网是一种智能网络,它不但能够理解信息资源中的概念(术语),还能理解它们之间的逻辑关系,这使得人与计算机之间的交流变得更有效率和价值,也更轻松。图1-1展示了语义网的分层体系结构。

语义网的分层体系结构共有7层[3][4]:

(1)"Unicode + URI"层(编码定位层)。该层是语义网的最底层,它是语义网体系的基础,主要功能是利用Unicode对资源进行编码以及利用URI(Uniform Resource Identifier,统一资源定位符)对资源进行标识。Unicode是一个字符集,共有65536个字符,基本上涵盖了世界上所有语言的字符,全部字符均由两个字节表示,这也是使用Unicode对资源进行编码的优势。URI主要用于对网络上的资源进行唯一标识。在语义网中,URI不仅能标识资源,还可以描

---

[1] 谷俊. 本体构建技术研究及其应用——以专利预警为例[D]. 南京:南京大学, 2012.
[2] Semantic Web Road Map [EB/OL]. http://www.w3.org/DesignIssues/Semantic.html, 2014-05-05.
[3] Semantic Web [EB/OL]. http://en.wikipedia.org/wiki/Semantic_Web. 2014-05-05.
[4] 语义网 [EB/OL]. http://baike.baidu.com/link? url = NBEP7QD36iYdTv-bFDgXbn_hjBuuVddcx_4X9kQ9z1QkxNmfxy1uy8j64Kynoh2Gbka4FzsFRhSINGN8zZr3Pq, 2014-05-05.

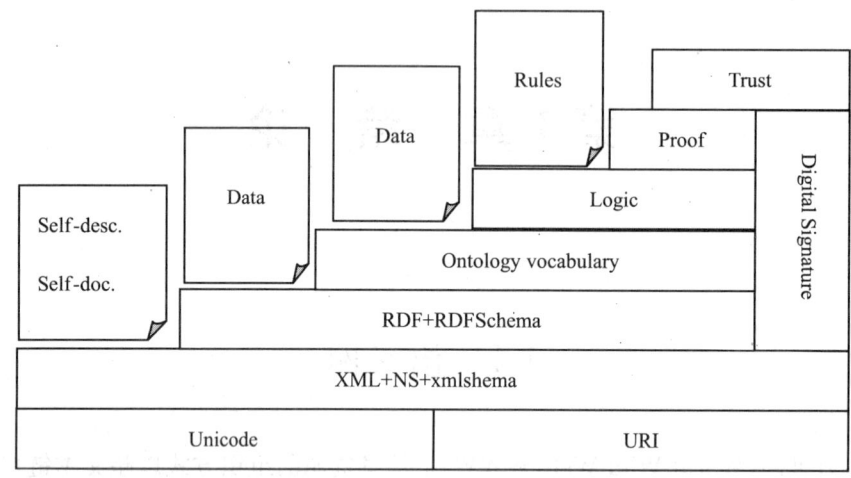

图 1-1 语义网分层体系结构②

述资源间的关系。

(2)"XML + NS + xmlschema"层(XML 结构层)。该层的主要功能是利用 XML(eXtensible Markup Language,可扩展标记语言)从语法上描述数据的内容和结构,通过 XML 将网络资源的数据结构和内容进行分离,这有利于对资源进行维护和管理。XML 不仅具备 SGML(Standard Generalized Markup Language,标准通用标记语言)的丰富功能,而且还具备 HTML(Hyper Text Markup Language,超文本标记语言)的易用性。XML 允许用户在不说明结构含义的情况下在文档中加入任意的结构。NS(Name Space,命名空间)的作用是为了避免不同的应用使用相同的字符描述不同的事物,它由 URI 索引确定。xmlschema 用 XML 语法来描述多种数据类型,是 DTD(Document Type Definition,文档类型定义)的替代品,但它比 DTD 更灵活,所以,能更好地为有效的 XML 文档服务并提供数据校验机制。XML 灵活的结构、NS 的数据确定性以及 xmlschema 所提供的多种数据类型及检验机制,使得它们成了语义网体系结构的重要组成部分。

(3)"RDF + RDF Schema"层(资源描述层)。该层的主要功能是对网络信息资源以及资源间的关系进行描述。RDF(Resource Description Framework,资源描述框架)是由万维网联盟(W3C)在 1997 年开发的一种描述网络信息资源的语言,它的目标是构建一个供多种元数据标准共存的框架。该框架能充分利用各种元数据的优势对网络数据进行交换、共享和再利用。RDF 采用 XML 无二义性地描述资源,且可以将资源间复杂的关系分解为若干个"主语—谓语—宾语"的三元组形式。采用 RDF 描述的资源以及资源间的关系能被计算机理解。

RDF Schema 丰富了 RDF 的框架,使用一种计算机可理解的体系定义了一组概念(术语),这些概念(术语)可以用来描述资源以及资源间的关系。例如,rdfs:class 可以用来定义一个概念(术语),rdfs:subClassOf 可以用来定义某个类是另一个类的子类。

(4) "Ontology vocabulary"层(本体层)。该层是语义网分层体系中的核心层,主要功能是提供网上互操作体之间关于信息资源的共同理解,即"语义",故担当着语义互操作的重要角色。本体层在 RDF(S)基础上定义概念以及概念间的关系,用来描述特定领域的知识。在具体应用过程中,利用 RDF(S)定义网上信息资源,再利用本体定义互操作的语义空间,从而构成一个基本的语义网应用环境。本体层的存在,增强了信息资源的语义表达能力和逻辑推理能力。目前,一般采用 OWL(Web Ontology Language,网络本体语言)对本体进行描述,包括对概念以及概念间关系的描述,除此之外,OWL 还可以用来对不同系统的本体库进行链接。

(5) "Logic"层(逻辑层)。该层的主要功能是提供公理和推理规则,为智能推理提供基础,通过逻辑推理对资源、资源之间的关系和推理结果进行验证,证明其有效性。在利用 RDF(S)和本体对资源进行描述后,语义网需要通过具有强大逻辑推理能力的智能代理(Agent)搜集和处理信息,而仅依靠本体层的推理能力并不能满足这一需求,因此,必须要有一套与语义网开放、分布式体系结构相适应的规则系统来做这项工作,这便是逻辑层的任务。

(6) "Proof"层(验证层)。该层的主要功能是提供一种验证机制,执行逻辑层产生的规则。为保证逻辑层工作的可靠性,验证层使用逻辑层的规则、本体层的数据描述和本体层的逻辑推理进行"验证",从而为数据或结论的可靠性提供保证。

(7) "Trust"层(信任层)。该层的主要功能是提供一种信任机制,保证资源交互的安全可靠。信任层位于语义网分层体系结构的最顶层,通过 Proof 交换和数字签名(Digital Signature)建立信任关系,保证语义网的可靠性。

从上述分析可以知道,本体层位于语义网分层体系结构的第 4 层,而且是整个体系结构的核心层。因此,本体是语义网的重要组成部分,是进行信息资源交互与共享的基础,对其进行研究能促进语义网的发展,研究人员也越来越关注对本体构建的研究。

1.2 本体构建

最初对本体的构建都是通过人工方式进行,由本体构建工程师和领域专家对领域知识进行建模,抽取领域概念以及概念间的关系。由于领域概念众多,且概念间的关系复杂,并且还有不容易被研究人员察觉的潜在的概念间关系,因此,本体构建工作是一项庞大的系统工程。手工构建方式需要耗费大量的人力、时间和精力,且由于领域专家知识背景和结构的局限性,获得的本体往往带有偏见,具有误差倾向。因此,研究人员正在考虑是否可以利用知识自动抽取技术来自动构建本体,以降低本体构建的成本,这也形成了一个很有意义的研究方向——本体学习(Ontology Learning)。本体学习也可称为本体抽取(Ontology Extraction)、本体生成(Ontology Generation)或本体获得(Ontology Acquisition)。本体学习是利用一些方法和技术自动或半自动地从自然语言文本生成本体,包括抽取领域概念、概念间的关系、公理以及其他的本体元素,并利用本体描述语言对它们进行编码,从而对领域知识进行检索、更新、共享和再利用,同时也为基于本体的相关应用提供基础[1]。

本体学习需要利用数理统计、数据挖掘、机器学习等方法和技术,通过计算机自动或半自动地从已有的数据资源中发现概念和概念间的关系,再根据获得的本体元素的准确性和可靠性,由领域专家辅以修正和评价,从而获得期望的知识本体[2]。

1.3　本体学习的研究历程和现状

本体学习的研究起源于20世纪90年代,目前国外学者已经取得了比较丰富的成果,提出了一系列用于实现本体学习的方法和技术,并在此基础上成功开发了若干个可实用的字符语系本体学习系统,在一定程度上满足了自动或半自动构建领域本体的需要。这些本体学习系统存在如下特点:(1) 多支持非结构化和半结构化数据源;(2) 均集成了多种本体学习方法技术,以适用于不同本体元素的自动识别;(3) 自动生成公理的系统很少,目前只有 Hasti[3] 支持从文本中获得公理。这些本体学习系统已经陆续应用于生物基因、化学化工等领域,开发出了一些重要的领域本体。

进入21世纪以后,国内学者开始借鉴国外的开发模式,在现有资源基础上以手工方式构建领域知识本体,并逐渐关注本体的自动构建研究,陆续出现了对外文资料的综述和局部技术的实现,部分学者开始探讨面向特殊结构数据的本体学习。

---

[1] Ontology Learning [EB/OL]. http://en.wikipedia.org/wiki/Ontology_learning, 2014-05-07.
[2] 杜小勇,李曼,王珊. 本体学习研究综述[J]. 软件学报, 2006, 17(9): 1837—1847.
[3] Amir Kabir University of Technology 开发的一个本体学习工具。

1.3.1 国外研究概述

针对各领域中存在的结构化程度不同的信息资源,国外学者提出并验证了其所适用的多种本体学习方法和技术,包括语言分析、机器学习、模板驱动、聚类挖掘、关联规则挖掘、形式概念分析、基于潜在语义索引的奇异矩阵分解、基于规则的方法、图形映射、数据库逆向工程、模型映射等。在采用上述方法和技术处理各类数据时,能够获得本体中的元素:概念、概念间关系、公理等。所采用的方法不同,得到的结果可能也不尽相同。研究人员目前主要聚焦于概念和概念间关系这两种本体元素的自动或半自动抽取研究,公理的抽取相对困难。将上述经过实验论证的有效方法和技术结合在一起,即可形成适合特定语种、面向特定数据结构的本体学习系统,典型的如 Text-To-Onto、OntoLearn、Hasti、Onto-Builder 和 OntoLiFT。

◆ **本体学习系统**

德国 Karlsruhe 大学的 Alexander Maedche 等人提出了一个本体学习框架,如图 1-2 所示[1][2]。该框架包括 4 个主要部件:(1) 文本处理组件,其包含文本处理管理(Text & Processing Management)和文本处理服务器(Text

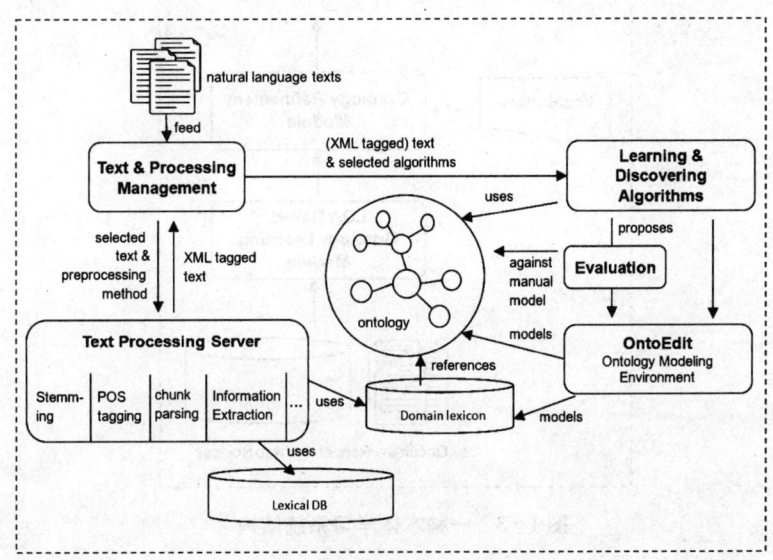

图 1-2 一种本体学习框架[3]

---

[1] Maedche A, Staab S. The Text-To-Onto ontology learning environment[C]. Citeseer, 2000.
[2] Maedche A, Staab S. Ontology learning for the semantic web[J]. Intelligent Systems IEEE, 2001, 16(2): 72-79.
[3] Maedche A, Staab S. The Text-To-Onto ontology learning environment[C]. Citeseer, 2000.

Processing Server),主要功能是选取合适的处理方法并且基于词典数据库对自然语言文本进行相关处理,返回 XML 标签文本;(2)本体学习算法库(Learning & Discovering Algorithms),主要功能是针对 XML 标签文本,选取合适的算法;(3)本体编辑组件(OntoEdit),主要功能是为本体建模提供适当的环境,创建本体;(4)本体评估组件(Evaluation),主要功能是对本体学习获得的本体和人工构建的本体进行对比评价。Alexander Maedche 等将该学习框架应用在了 KAON 和 Text-To-Onto 系统中。

Francesco Colace 等认为语义网的成功很大程度上依赖于有效的本体,它使得机器能理解相关数据。然而,目前仍没有一般的方法来自动获得本体,特别是基于各种资源运用自然语言处理和机器学习技术获得领域本体。他们提供了一个结合了统计和语义方法的本体学习系统(参见图 1-3),并进行了实验验证,说明了相关方法的有效性。

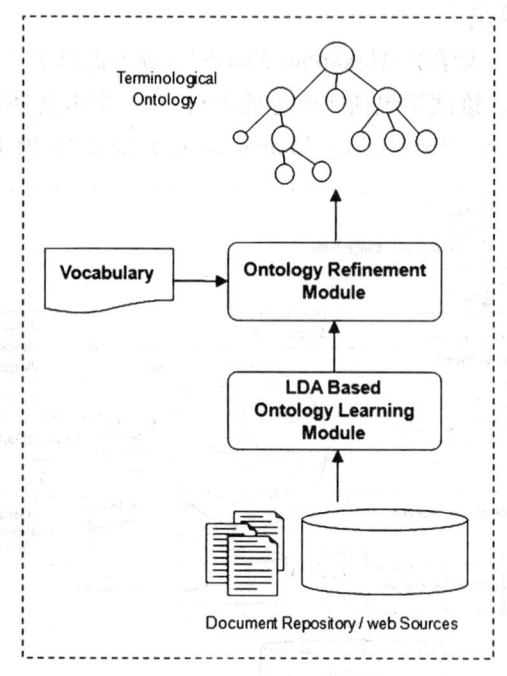

图 1-3 一种本体学习系统结构①

Brewster 等提出了一种基于用户的本体学习框架。该框架的流程如下:(1)用户选择一批相关文档和种子本体,种子本体必须有词库予以支撑(每个节

---

① Colace F, Santo M D, Greco L, et al. Terminological ontology learning and population using Latent Dirichlet Allocation[J]. Journal of Visual Languages and Computing,2014,25(6):818-826.

点至少一个词);(2) 系统自动从来源文档中抽取包含上述词库内容的句子作为样本,交由用户检验;(3) 验证通过后,系统进行自动学习获得正确与错误样本的学习规则;(4) 系统运用以上学习规则从来源文档中继续抽取相应样本,交由用户验证;(5) 系统得到用户的验证反馈后自动修正抽取规则,进一步抽取;(6) 直到结果满足用户的需求后,停止抽取过程,最后交给用户检验并进行人工修正[①]。

M. Missikoff 等人借助 OntoLearn 工具,研究开发了一套用于本体构建和本体评估的软件,可以为虚拟社区提供智能信息服务。该软件的流程如下:(1) 利用 OntoLearn 工具从相关的网络文档中抽取概念和概念间的分类关系,生成领域概念集;(2) 使用 Consys 进行机器辅助的概念有效性评估;(3) 最后在 SymOntoX 环境中,由本体工程师最终确定本体中的概念和概念间的关系。此外,SymOntoX 还可以自动将已学习的概念树附加到顶层本体相应节点中,丰富和完善现有本体,并对其进行一致性检测,从而最终完成本体半自动构建。整个流程如图 1-4 所示。

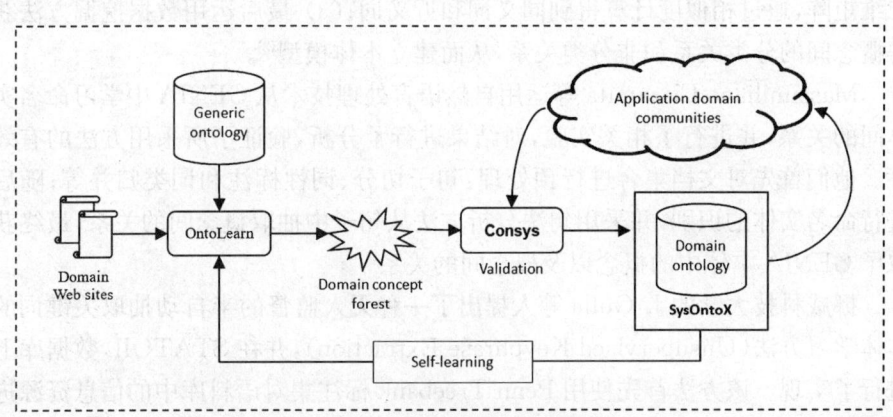

图 1-4 本体半自动构建和评估系统[②]

N. Weber 等介绍了如何从 Wikipedia、Wiktionary 和 DWDS 等在线词典中抽取领域词汇和实体标签,并描述了如何构建相应的领域本体。他们开发了 ISOLDE 系统(Information System for Ontology Learning and Domain Exploration),该系统使用命名实体识别技术(NER)抽取已有本体中的概念,随后抽取概念间的逻辑关系,最后利用在线词典等网络资源对现有概念的语义进行扩

---

① Brewster C, Ciravegna F, Wilks Y. User-centred ontology learning for knowledge management [J]. Natural Language Processing and Information Systems, 2002: 203-207.

② Missikoff M, Navigli R, Velardi P. Integrated approach to web ontology learning and engineering [J]. Computer, 2002, 35(11): 60-63.

充。该系统可以扩展现有本体或者创建新的本体①。

德国 Saarland 大学的 Pantel 等提出了一种算法框架,从文本中抽取概念的语义关系并在已有的语义库中对关系自动进行标注。他们认为一个好的知识抽取框架应该具备下列特征:(1) 好的通用性,即应该可以抽取尽可能多的概念及其关系;(2) 具备自动或半自动性,即抽取过程无需人工监督和干预或人工只干预一部分;(3) 适用性广,即针对任何规模的信息资源都可以抽取;(4) 抽取精度高,即抽取结果准确性较高;(5) 领域覆盖全面,即应当保证抽取结果完全覆盖了某个指定的领域②。

◆ 本体元素抽取方法和技术

Marko Brunzel 利用 XTREEM(Xhtml Tree Mining)方法从半结构化的网络文档中抽取术语和术语间的关系以建立本体,具体方法如下:(1) 利用网络文档中词汇之间的边际对文档初步切分,去除停用词后进行词频统计,抽取词频较高的词汇并由领域专家进行人工验证,得到领域术语集合;(2) 利用 Group-By-Path 方法抽取网络文档中的术语,并利用 WordNet 进行扩展,建立文档×术语二维矩阵,通过相似度计算得到同义词和近义词;(3) 最后运用数据挖掘方法获得概念间的分类关系和非分类关系,从而建立本体模型③。

Massimiliano Ciaramita 等运用自然语言处理技术从 GENIA 中学习命名实体间的关系,并进行了相关实验,对结果进行了分析,验证了所采用方法的有效性。他们首先对文档集合进行预处理:句子切分、词性标注和词类归并等;随后进行命名实体的识别,并采用句法分析方法从句子中抽取概念间的关系;最终获取了 GENIA 本体中的概念以及概念间的关系④。

挪威科技大学的 J. Gulla 等人提出了一种无人监督的半自动抽取关键词的本体学习方法(Unsupervised Keyphrase Extraction),并在 STATOIL 数据库上进行了了实现。该方法首先使用 Penn Treebank 标注集对语料库中的信息资源进行词性标注,随后进行名词抽取、停用词删除、同义词替换等处理,得到候选关键词集合,再利用 TF-IDF 算法进一步对候选关键词进行筛选,由领域专家对得

---

① Weber N, Buitelaar P. Web-based ontology learning with isolde[C]. Citeseer, 2006.
② Buitelaar P, Cimiano P. Ontology learning and population: bridging the gap between text and knowledge[M]. Ios Pr Inc, 2008: 171-195.
③ Brunzel M. The XTREEM methods for ontology learning from web documents[C]. Conference on Ontology Learning and Population: Bridging the Gap Between Text and Knowledge. IOS Press, 2008: 3-26.
④ Ciaramita M. Supersence tagging of unknown nousn in wordnet[C]. Empirical Methods in Natural Language Processing 2003. Sapporo, Japan.

到的结果进一步过滤,从而获得本体术语集,最后由领域专家完成本体的人工构建[1]。

M. Kavalec 等基于 Text-To-Onto 提出了一种抽取概念间非分类关系的方法,该方法的思想来源于关联分析,首先抽取概念之间出现的动词,获取概念—动词—概念三元组集合,再对所有的三元组按在整个文档集中出现的频率进行排序,可以认为出现频率最高的三元组描述了概念间的非分类关系,最后通过准确率和召回率进行方法有效性的评估[2]。

M. Li 等人提出了一种从关系数据库中抽取 OWL 本体的方法,该方法借助类学习规则、属性学习规则、层次关系学习规则、实例学习规则等自动生成本体的类、属性、实例等[3]。

Sánchez 等为了构建领域本体,给出了一个自动的、非监督的抽取概念非分类关系的方法。该方法基于网络文本,能够发现领域相关的动词,抽取出非分类关系中涉及的概念并给出非分类关系的标签。他们也用了自动化的方法对抽取到的非分类关系与 WordNet 进行了比较,从而验证了方法的有效性[4]。

J. Villaverde 等针对构建领域本体中最困难和经常被忽略的非分类关系的抽取以及标签确定这一问题,提出了一种解决方法。他们对领域文本语料库进行分析并抽取出连接概念对的动词,并将这一技术集成到了本体构建的过程中,从而减少了领域专家的工作量[5]。

Albert Weichselbraun 等通过集成类似 DBpedia 和 OpenCyc 这样的外部知识源到本体学习系统中,基于领域非结构化文本获得非分类关系的标签。该方法从语料包含的语义关系中抽取并汇总动词向量,并应用了语义推理和验证,从而提高了非分类关系抽取的质量[6]。

K. W. Mei 等提出了基于一种多步骤相关研究框架从非结构化文本中抽取

---

[1] Gulla J A, Borch H O, Ingvaldsen J E. Ontology learning for search applications[C]. Otm Confederated International Conference on the Move to Meaningful Internet Systems: Coopis, 2007: 1050 – 1062.

[2] Kavalec M, Svaték V. A study on automated relation labelling in ontology learning[J]. Ontology Learning from Text: Methods, Evaluation and Applications, 2005: 44 – 58.

[3] Li M, Du X Y, Wang S. Learning ontology from relational database[C]. International Conference on Machine Learning and Cybernetics, 2005, 6: 3410 – 3415.

[4] Sánchez D, Moreno A. Learning non-taxonomic relationships from web documents for domain ontology construction[J]. Data & Knowledge Engineering, 2008, 64(3): 600 – 623.

[5] Villaverde J, Persson A, Godoy D, et al. Supporting the discovery and labeling of non-taxonomic relationships in ontology learning [J]. Experts Systems with Applications, 2009, 36(7): 10288 – 10294.

[6] Weichselbraun A, Wohlgenannt G, Scharl A. Refining non-taxonomic relation labels with external structured data to support ontology learning[J]. Data & Knowledge Engineering, 2010, 69(8): 763 – 778.

术语非分类关系的方法①。该方法解决了非分类关系抽取中的两个主要问题：(1) 非分类关系的抽取；(2) 非分类关系的标记。

Ivo Serra 等对抽取概念非分类关系的多种技术和方法进行了评价②。他们采用两个过程对抽取到的非分类关系与参考本体中的非分类关系进行比较，并在生物学领域语料库和法律领域语料库中进行了验证。

Martin Kavalec 等使用扩展的关联规则抽取术语的非分类关系，给出了关系的标签，并且基于已有语义标注的语料库进行了相关实验，对方法进行了评估③。

1.3.2 国内研究概述

◆ 本体学习系统

刘柏嵩和高济于 2005 年提出了一个基于网络文档(半)自动构建本体的本体学习框架 WebOntLearn，并探讨了在本体学习中如何(半)自动抽取领域概念以及概念间的关系④。他们给出了本体学习的基本原理，如图 1-5 所示，认为本体学习的任务主要包括：(1) 本体获取：本体创建、本体模式抽取和本体实例抽取；(2) 本体维护：本体集成和导航、本体更新和本体扩充。WebOntLearn 的主要步骤包括：(1) 语料库和网络文档集的收集、选择和预处理；(2) 生成候选关键词集合；(3) 抽取领域术语；(4) 选择本体概念；(5) 确定概念间的语义关系并构建概念的分类层次结构；(6) 创建概念及其关系的形式化表示。

刘柏嵩于 2008 年又提出了一种基于网络的通用本体学习框架 GOLF(General Ontology Learning Framework)⑤，与图 1-5 的学习框架相比，有了多方面的改善：(1) 在概念抽取模块中集成了多种概念抽取算法，例如，Relative Term Frequency(RTF)、TF - IDF(Term Frequency Inverse Document Frequency)、Entropy，因此，学习能力更强，并采用 C-value/NC-value 抽取复合概念；(2) 采用语义词典 WordNet、HowNet 以及改进的 Hearst 模式匹配方法抽取概念分类关系；(3) 利用关联规则挖掘学习概念的非分类关系。该框架集成了多种机器学习算法，因此，在概念抽取和关系学习方面均具有较好的效果，并且适用于不同的领域。

---

① Mei K W, Abidi S S R, Jonsen I D. A multi-phase correlation search framework for mining non-taxonomic relations from unstructured text[J]. Knowledge and Information Systems, 2014, 38(3): 641-667.

② Serra I, Girardi R, Novais P. Evaluating techniques for learning non-taxonomic relationships of ontologies from text[J]. Experts Systems With Applications, 2014, 41(11): 5201-5211.

③ Kavalec M, Svatek V. A Study on Automated Relation Labelling in Ontology Learning[EB/OL]. http://nb.vse.cz/~svatek/olp05.pdf, 2014-05-25.

④ 刘柏嵩, 高济. 面向知识网格的本体学习研究[J]. 计算机工程与应用, 2005, 41(20): 1—5.

⑤ 刘柏嵩. 一种基于 Web 的通用本体学习框架[J]. 计算机工程, 2008, 34(8): 229—231.

第 1 章 绪 论

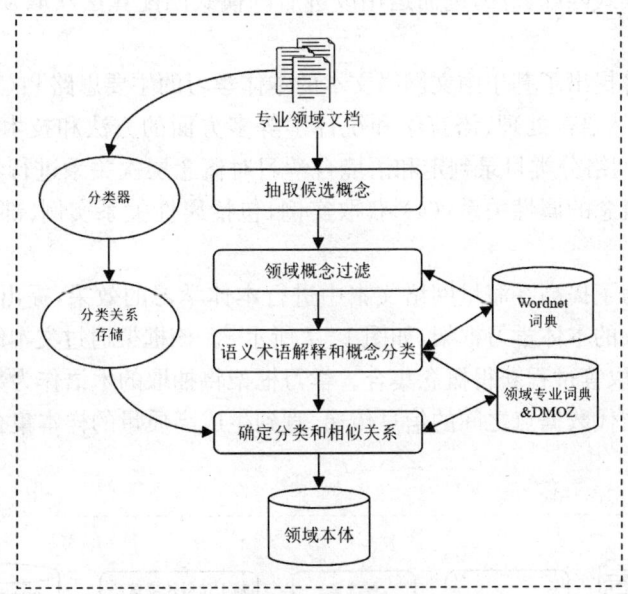

图 1-5 本体学习基本原理

梁健和王惠临等利用种子概念研究设计了一种基于文本的本体学习方法，参见图 1-6。他们探讨了从文本中抽取术语、术语分类关系等本体元素的本体学习关键技术，并进行了相关实验。结果表明，该方法效果较好[1][2]。

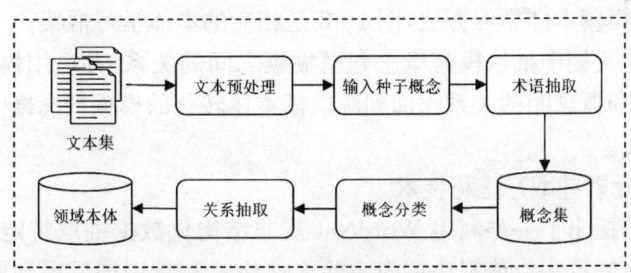

图 1-6 基于文本的本体学习方法的基本原理

张斌等基于政务信息资源的特点，提出了一种政务本体学习模型[3]。该模型首先利用命名实体识别技术获取领域概念，然后运用粗糙集和模糊聚类方法

---

[1] 梁健,吴丹. 种子概念方法及其在基于文本的本体学习中的应用[J]. 图书情报工作, 2006, 50(9): 18—21.
[2] 梁健,王惠临. 基于文本的本体学习方法研究[J]. 情报理论与实践, 2007, (1): 112—115, 17.
[3] 张斌,刘增良,余达太,等. 基于粗糙集和模糊聚类的政务本体学习模型[J]. 计算机工程与应用, 2010, 46(25):19—22.

改进已有的模式匹配算法,进而运用改进后的模式匹配算法获取领域概念间的关系。

聂规划等提出了基于中文网络文本的本体学习的主要思路[①]:(1) 运用信息抽取、中文自然语言处理、语言学和统计学等多方面的方法和技术抽取领域概念;(2) 基于网络分类目录判定和语境自学习对概念层次关系进行学习;(3) 基于知网学习概念的属性关系;(4) 获取实例,包括属性关系实例、部分整体关系实例等。

吕刚等为了提高在海量网络文本中进行本体学习的效果,提出了一种基于仿射传播算法的本体学习框架,如图1-7所示[②]。该框架通过文本解析、相似度计算、概念抽取等过程获得概念集合。学习框架将抽取的术语作为数据点,通过相关的算法迭代数据点之间的信息传递,直到生成高质量的样本集合,所有的样本构成本体。

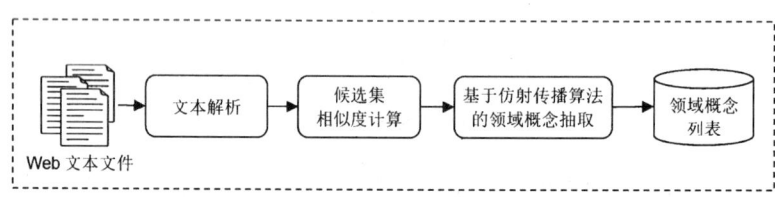

图1-7 基于仿射传播的本体学习框架

马迪等提出了一种基于FFCA(Fuzzy Formal Concept Analysis,模糊形式概念分析)的模糊本体学习方法,图1-8是相应的本体学习框架[③]。作者试图从领域非结构化文档中抽取模糊概念和模糊概念间的关系,并运用模糊形式概念分析,将概念和概念间的关系添加到源模糊本体转化的模糊概念格中,从而完成模糊本体学习。

◆ **本体元素抽取方法和技术**

王红滨等提出了一种利用WordNet从非结构化数据抽取特定领域概念以及概念间关系的算法。该算法首先去除文件格式和禁用词后得到词汇集合,其次利用在线词典HowNet对词汇集合进行同义词扩展,得到术语集合,然后通过互信息计算得到领域概念集合,最后运用基于包含原理的分类方法修改和扩

---

① 聂规划,傅魁. 基于Web的中文本体学习研究[J]. 情报杂志,2008,27(6):13—16.
② 吕刚,郑诚,王晓峰. 基于仿射传播的本体学习框架研究[J]. 小型微型计算机系统,2014,35(7):1596—1598.
③ 马迪,李冠宇. 一种基于模糊形式概念分析的模糊本体学习方法[J]. 计算机应用与软件,2014,31(9):166—171.

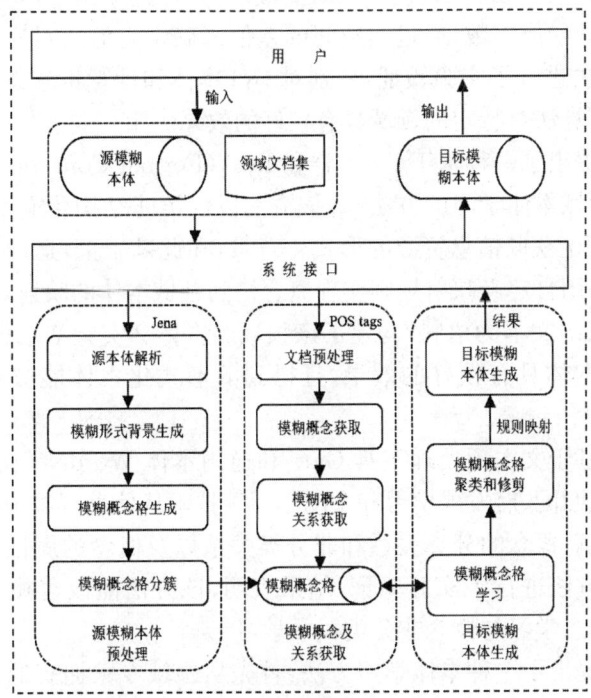

图1-8 基于模糊概念分析的模糊本体学习框架

充概念,提取概念间的分类关系,并运用基于模式的方法提取概念间的非分类关系[①]。

张瑞玲等提出了一种基于实例驱动的自适应本体学习方法[②]。该方法将聚类算法与ODP(Open Directory Project)有机结合,利用元数据对文档进行聚类挖掘得到本体中的概念,再将获得的概念映射到ODP中创建概念的层次关系,形成初始本体;然后根据内聚性和相关性的变化进行自适应本体学习,以丰富本体中的概念以及概念间的关系。该方法能及时跟踪知识的更新变化,使得所建立的本体能很好地反映领域的研究过程。

朱林立等提出了一种基于BMRM(Bundle Method for Regularized Risk Minimization)迭代排序学习方法进行本体相似度计算和本体映射的算法[③]。该

---

① 王红滨,刘大昕,王念滨,等. 基于非结构化数据的本体学习研究[J]. 计算机工程与应用,2008, 44(26):30—33.

② 张瑞玲,王文斌,王秀峰,等. 实例驱动的自适应本体学习[J]. 计算机工程与应用,2009,45(28):31—34.

③ 朱林立,高炜. 基于BMRM迭代排序方法的本体学习算法[J]. 科学技术与工程,2013,13(13):3653—3657.

算法通过 BMRM 迭代得到最优参数向量,进而获得排序函数,将本体图或多本体图中的顶点映射成实数,通过实数间的差值来确定它们所对应概念间的相似度。他们对算法进行了实验验证,分别对 GO 本体和计算机软件本体运用该算法,结果表明该算法对特定的领域具有较好的效果。

侯丽鑫等提出了一种基于 P-集合和 FCA(Formal Concept Analysis,形式概念分析)的领域本体学习的方法[①]。该方法以汉语非结构化文本为信息资源,运用 P-集合理论获取信息资源的形式化背景,在此基础上,运用 Godin 算法构建概念格,并采用自定义映射规则实现概念格到领域本体的映射。作者以"生物和水"领域的汉语文本为语料,构建了该领域的本体。实验结果表明,通过该方法构建的领域本体具有较好的效果,且得到的形式化本体能被更好地共享和重用。

王俊华等基于文本预处理工具 Gate 和通用本体 WordNet 运用数理统计、数据挖掘、模式匹配、启发式学习和主动学习等技术从信息资源中抽取本体中的元素:概念、实例、概念的分类关系和非分类关系以及概念的属性。作者对所提出的本体学习方法进行了实验验证,结果表明,该方法能改善概念语义排歧效果,丰富短语概念学习与概念非分类关系学习[②]。

程利涛等提出了一种本体学习方法:首先从领域专家拥有的模糊概念知识中抽取出模糊概念,获得构建领域本体的初始概念;然后通过计算模糊概念与本体概念之间的包含度关系,扩充本体中的概念;最后通过计算概念与概念之间的相似度,抽取本体概念间的关系。实验结果表明,FFCA(Fuzzy Formal Concept Analysis,模糊形式概念分析)能帮助领域专家在本体学习过程中挖掘概念与概念间的关系[③]。

温春等通过分析已有中文术语分类关系获取方法的特点和不足,提出一种利用度属性获取术语分类关系的方法[④]。季培培等采用多重聚类方法获取分类关系,并结合综合相似度计算提取聚类标签[⑤]。李生琦在分析本体概念属性间约束关系的基础上,借助布尔方程衍生概念属性间的存在约束,提出了根据概念

---

① 侯丽鑫,郑山红,赵辉,等. 基于 P-集合和 FCA 的中文领域本体学习方法[J]. 吉林大学学报(理学版),2013,51(4):659—665.
② 王俊华,左万利,彭涛. 面向文本的本体学习方法[J]. 吉林大学学报(工学版),2015,45(1):236—244.
③ 程利涛,邢欣,李伟. 基于形式概念的本体学习方法[J]. 电脑开发与应用,2014,27(10):55—58.
④ 温春,石昭祥,杨国正. 一种利用度属性获取本体概念层次的方法[J]. 小型微型计算机系统,2010,31(2):322—326.
⑤ 季培培,鄢小燕,岑咏华. 面向领域中文文本信息处理的术语语义层次获取研究[J]. 现代图书情报技术,2010,(9):37—41.

属性间存在的约束关系构建本体概念层次的方法,并给出了本体概念层次的维护算法[①]。林源等使用亚马逊网站的计算机类图书作为语料库,利用基于规则与统计相结合的方法提取计算机学科领域术语,并插入由 ODP 构建的树中,构建了计算机学科领域术语的分类关系[②]。彭成等提出了构建术语分类关系的流程,主要利用确定性退火的多重聚类算法获取术语的分类关系[③]。童波通过改进基于语言模式的规则,对茶学领域术语集合构建广义后缀树,获取术语的分类关系,并开发了相应的原型系统[④]。谷俊等提出利用蚁群聚类算法对中文术语进行预聚类,再利用 K-means 聚类算法对预聚类结果进行再次聚类,并采用术语相似度计算方法获取类标签,最终构建了术语的分类关系[⑤]。

此外,董丽丽等首先通过关联规则抽取特定领域术语对,接着抽取术语对之间的高频动词,将它们作为候选非分类关系标签,然后运用 VF-ICF 度量方法确定非分类关系的标签,最后利用对数似然比评估方法得到各非分类关系的标签[⑥]。古凌岚等运用语义角色标注和依存语法分析获得了文本句子的语义依存结构,提取具有语义依存关系的动词框架,通过语义相似度计算发现动词框架中术语间的非分类关系及其标签[⑦]。邱桃荣等针对不同领域概念粒度空间,通过分析概念粒的上下文,构建了基于不同领域概念粒度空间的概念粒交叉关系学习模型,并进行了相关测试,结果表明该模型有利于实现领域本体非分类关系的抽取[⑧]。王红等提出了基于 NNV(名词—名词—动词)的关联规则抽取术语非分类关系及其标签的方法,并给出了具体的实现过程[⑨]。温春等首先利用一般关联规则分析抽取出具有非分类关系的术语对,然后运用语言学规则抽取相应

---

① 李生琦. 利用概念属性的约束关系构建本体论概念层次[J]. 计算机工程与应用, 2009, 45(19): 45—48.
② 林源, 陈志泊, 孙俏. 计算机领域术语的自动获取与层次构建[J]. 计算机工程, 2011, 37(2): 172—174.
③ 彭成, 季佩佩. 基于确定性退火的中文术语语义层次关联研究[J]. 计算机应用研究, 2011, 28(9): 3235—3238.
④ Tong Bo. Research on extraction method for taxonomic relation among conceptions of tea-science field ontology[J]. Agricultural Science & Technology, 2010, 11(11-12): 180-182.
⑤ 谷俊, 朱紫阳. 基于聚类算法的本体层次关系获取研究[J]. 现代图书情报技术, 2011(12): 46—51.
⑥ 董丽丽, 胡云飞, 张翔. 一种领域概念非分类关系的获取方法[J]. 计算机工程与应用, 2013, 49(4): 157—161.
⑦ 古凌岚, 孙素云. 基于语义依存的中文本体非分类关系抽取方法[J]. 计算机工程与设计, 2012, 33(4): 1676—1680.
⑧ 邱桃荣, 黄海泉, 段文影, 等. 非分类关系学习的粒计算模型研究[J]. 南昌大学学报(工科版), 2012, 34(3): 273—278.
⑨ 王红, 高斯婷, 潘振杰, 等. 基于 NNV 关联规则的非分类关系提取方法及其应用研究[J]. 计算机应用研究, 2012, 29(10): 3665—3668.

的非分类关系标签,并进行了相关实验,结果表明仅使用扩展的关联规则法就能抽取非分类关系及其标签,不需要对术语对与动词之间的紧密程度进行验证[①]。张立国等以维基百科为实验语料库,对语料进行词性标注和语义分析,得到具有语义依存关系的动词框架,然后再计算句子的相似度,抽取术语的非分类关系并给出关系的标签[②]。王岁花等以网络文本为实验语料,从中获取候选非分类关系并计算信息分布的统计特征,以领域相关的动词为种子来检索领域相关术语并用这些动词来标记术语的非分类关系,利用该方法可以获得一个多级分类关系和非分类关系组成的术语语义体系[③]。谷俊等首先运用基于上下文的术语相似度计算得到术语间的相似度权重,然后在关联规则中加入谓语动词进行相关计算,结合搜索引擎技术抽取候选非分类关系,在此基础上对置信度和支持度进行对比分析,抽取出最终的非分类关系[④]。

1.3.3 国内外研究评价

从以上关于国外研究的论述中,可以看出,国外在本体学习研究领域取得了丰富的成果,提出了一系列用于实现本体学习的方法和技术,并在此基础上开发成功了若干个本体学习系统,在一定程度上满足了自动或半自动构建领域本体的需要。但也可以看到,这些研究都是针对西文文本的,并不适合汉语文本。汉语文本有其自身的语言特点和规律,与西文文本存在本质上的区别,例如,汉语文本的词汇间并没有空格,汉语的语法与西文的语法也不相同。因此,针对汉语文本进行本体学习不能完全照搬西文本体学习的方法和流程。

从以上关于国内研究的论述中,可以看出,国内在面向汉语文本的本体学习研究领域的探讨主要聚焦在理论设想和方法论证上,对本体学习框架和流程的讨论较多,但目前还没有一个具体的可应用的汉语本体学习系统,对局部方法技术的实现进行验证的研究较多,但也仅停留在实验室阶段,还没有达到可应用的水平。此外,中文自然语言处理技术的瓶颈对汉语本体学习也有着较大的影响。

国内外关于术语分类关系抽取方法的研究中,采用的聚类算法主要有K-means聚类算法、蚁群聚类算法、基于确定性退火的聚类算法等,而且通常是

---

① 温春,石昭祥,辛元. 基于扩展关联规则的中文非分类关系抽取[J]. 计算机工程,2009,35(24):63—65.
② 张立国,陈荔. 维基百科中基于语义依存的领域本体非分类关系获取方法研究[J]. 情报科学,2014,32(6):93—97.
③ 王岁花,赵爱玲,马巍巍. 从 Web 中提取中文本体非分类关系的方法[J]. 计算机工程与设计,2010,31(2):451—454.
④ 谷俊,严明,王昊. 基于改进关联规则的本体关系获取研究[J]. 情报理论与实践,2011,34(12):121—125.

多种聚类算法结合或同一聚类算法多重使用才能达到比较好的效果，这是因为聚类算法的选择、聚类效率以及聚类效果，均与数据类型和数据量大小有关。国内外关于术语非分类关系抽取方法的研究主要聚焦在<术语a，动词，术语b>三元组的获取，并用动词来标记关系，作为关系的标签。

因此，对于面向汉语非结构化文本的本体学习，以下4个方面值得进一步的理论探讨和实践验证：

(1) 构建完整的可操作的面向特定领域的本体学习系统模型。国内现有的本体学习系统大多停留在实验室阶段，模型的合理性和可操作性还有待进一步论证，还不能参与实践应用以实现特定领域本体的快速开发。

(2) 构建具体的面向汉语文本的本体学习系统平台。现有的本体学习系统基本上以西文字符语系的非结构化文本作为数据源，基于汉语文本抽取本体元素从而构建实用性本体的学习系统还没有出现，当前研究多停留在对本体学习关键步骤的技术攻关上。

(3) 运用机器学习、数据挖掘、数理统计等方法和技术实现领域术语的识别。当前的术语识别研究多局限于通用实体中，如对人名、地名、机构名等的识别，而对专业领域中的术语的自动识别研究还不多，因此，这方面的研究有待于进一步加强，以发现识别效果最佳的方法、技术、模型和策略等。

(4) 运用多种方法和技术从语料库中抽取术语间的关系。国内在这方面的研究多采用模板匹配方法且主要针对通用本体，实验结果的说服力不足，因此，有待引入其他技术如聚类挖掘、关联规则挖掘、形式概念分析、潜在语义分析、语言学分析等来改进并完善术语关系的抽取。

1.4 本书研究内容

目前，中文领域本体的构建多采用手工构建方式，耗时耗力，并且带有领域专家自身的主观性。而现在已经进入大数据时代，大量甚至海量信息资源的背后隐藏着众多以前不为人们所知的概念(术语)以及概念(术语)间的关系，利用手工方式已无法找到这些隐藏着的知识，因此，迫切需要一种能够从大量甚至海量信息资源中自动识别这些概念(术语)以及概念(术语)间关系的方法和技术，本体学习可以完成这一工作。

本书试图借鉴面向字符语言的本体学习系统的功能组成和学习流程，来改变传统的手工构建本体模式，将数理统计方法、机器学习模型、数据挖掘方法等引入面向汉语非结构化文本的本体学习研究中。笔者致力于厘清构成领域本体的各种元素，探讨各本体元素的抽取方法和技术，构建一个具有一定普适性的领域本体学习系统模型,研究和实现系统模型中的各主要部件。笔者以"数字图书馆"学科文献作为本体学习的对象,将所提出的本体学习系统模型应用其中,完成"数字图书馆"学科术语本体的自动构建。一方面通过实践应用论证本体学习理论模型的正确性和合理性;另一方面则为进一步构建基于学科术语本体的学科语义网准备知识结构基础,从而为学科领域提供全面而有效的知识服务:基于知识地图的学科文献浏览、基于语义匹配检索的学科文献查询以及基于逻辑蕴含推理的学科知识创新等。

因此,本书研究的主要内容包括:

(1) 基于技术集成的领域本体学习系统模型的构建。在文献调研、系统剖析、应用借鉴的基础上,深入探讨本体学习系统的功能组成和学习流程。以提供知识服务为总体目标,集成多种数据挖掘技术和数理统计方法,构建一个面向知识服务的中文领域本体学习系统模型,提出并论证模型中关键组件的具体实现方案。

(2) 学科领域本体中概念(术语)分类关系的抽取方法。首先基于非结构化的学科领域文档构建术语的向量空间模型,在此基础上,利用 BIRCH 预聚类和层次聚类挖掘领域术语的分类关系,最终建立可行有效的概念(术语)分类关系的抽取流程和策略。

(3) 学科领域本体中概念(术语)非分类关系的抽取方法。首先基于非结构化的学科领域文档构建句子×术语向量空间模型,运用关联规则挖掘方法获取具有关联关系的概念(术语)对,然后基于句子×<术语,动词>向量空间模型再次利用关联规则挖掘概念(术语)的非分类关系,最终建立可行有效的概念(术语)非分类关系的抽取流程和策略。

(4) 学科领域本体的逻辑描述、合理存储和可视化展示。首先运用网络本体描述语言 OWL 对构建的学科术语本体进行逻辑描述,将本体中的概念描述为类(Class),概念间的关系将通过 OWL 中的属性进行描述。其次依据本体元素的特点设计基于关系数据库的本体存储模式,关系数据库适用于对大型本体数据进行存储。最后对本体进行可视化展现,使得用户能对本体中的概念(术语)和概念(术语)间的关系有更直观形象的了解,进一步发现新的规律和模式。笔者将运用本体编辑工具 Protégé 对构建的学科术语本体进行可视化展示。

1.5 本书研究意义

本体学习是当前计算机科学和信息科学领域的研究前沿,是知识组织和知识管理得以实现和推广的技术基础。本书的研究目标是针对中文学科领域文

第1章 绪 论

献,设计和构建一个具有可扩展性和一定普适性的本体学习模型。笔者将重点研究本体学习系统的理论模型构建和系统关键部件的具体实现。本书的研究为本体学习提供了新的思路,丰富了知识发现方法,同时也能为实现可行有效的知识组织提供参考。具体的理论和实践意义如下:

(1)能够完善知识发现、知识组织、知识管理的方法和技术,提升知识服务水平。本体学习改变了现有的知识本体构建模式,为领域知识的快速发现、组织和描述提供有效方法。在本体手工构建模式中注入自动化技术,能够减少构建成本,缩短构建周期,有效实现领域知识的交流和传承,促进本体机制在知识组织领域的广泛应用,弥补了情报学学科在技术型知识管理研究领域的不足。

(2)为不同领域的本体学习系统提供借鉴和参考。笔者将引入数据挖掘、数理统计等方法和技术自动构建领域本体,所采用的学习流程、功能模块以及具体实现可以为不同领域的本体学习提供参考。

(3)能为基于本体的语义网的迅速发展和实践应用奠定基础,促进语义网的发展。本体学习技术的提高和完善能更合理地对信息资源进行语义描述和逻辑推理,这样可以让语义网中的信息资源更好地被计算机理解和识别,使得计算机与人类之间能更好地交流,从而帮助人们在海量信息中迅速找到自己所需要的内容。

(4)能推动"数字图书馆"学科的发展。本书将基于"数字图书馆"学科领域文献构建相应的学科术语本体,在此基础上,可以进一步创建学科语义网,以实现学科领域的有效知识服务,从而促进领域创新和学科发展。

第 2 章 本体基本概念和理论

本体(ontology)这一概念源自哲学领域,20世纪90年代后期,研究人员将其引入计算机科学和信息科学领域,用来对领域知识进行系统深入的组织和描述[①]。

2.1 本体的起源

计算机科学与信息科学领域的本体(ontology,首字母小写)概念起源于西方哲学领域,它描述了客观世界的存在。在西方哲学领域中,本体论(Ontology,首字母大写,或称为存在论)是讨论研究本体的一门科学,是形而上学的一个分支,主要探讨存在本身,即一切客观事物的基本特征。在本书中,"ontology"与"Ontology"表达了不同的含义,前者是一个概念,而后者是一门学科。

柏拉图学派的哲学家认为,任何一个名词都对应着一个实际存在,而另一些哲学家认为,有些词汇并不代表实际存在,而是代表一种事物集合,形成一个概念。例如,名词"社团"就代表一群具有同一性质的人组成的集合,名词"几何"就代表一种特殊知识的集合。哲学中的本体论主要研究到底哪些词汇代表真实存在的实体,哪些词汇只是代表一种概念。因此,本体论成了某些哲学分支的基础[②]。

"Ontology"一词是由德意志哲学家郭克兰纽(R. Gocelnius)于17世纪首次提出的,但是有关"Ontology"的讨论和研究即本体论可追溯到古希腊时代。那时的哲学家探究世界的本源(又称始基),以此来构成他们的本体理论。米利都学派提出了西方哲学史上第一个哲学范畴始基说,由此演变出"本体"、"本质"和"基质"等概念范畴。作为一种哲学理念和哲学形态的"Ontology",在苏格拉底提出"始基"问题中萌芽,在柏拉图和亚里士多德那里奠定雏形,而最终在

---

① 李景. 本体理论及在农业文献检索系统中的应用研究——以花卉学本体建模为例[D]. 北京:中国科学院文献情报中心, 2006.
② 本体(哲学). [EB/OL]. http://zh.wikipedia.org/wiki/本体论_(哲学), 2014-05-19.

中世纪经院哲学中成熟①。亚里士多德曾经定义本体论：研究物体存在的科学，具体地说是研究物体的分类，也就是说在什么情况下，一个物体可以被定义为"存在"。

哲学领域的本体论聚焦于分析存在的各种类型或模式，且往往尤其关注共相（universals）与殊相（particulars）之间的关系、内在特性（intrinsic properties）与外在特性（extrinsic properties）之间的关系以及本质与存在之间的关系。本体论探索活动的目标是为了揭示那些基本的类别或者说种类，而在关键之处将客观世界划分为对象的自然类别②。

本体的哲学定义：本体是人类通过哲学思想认识活动从混沌自然中发现、界定、彰显和产生出来的，以人类思想理性或人类生存发展意识作为统帅，以判断和推理作为形式，以语言作为媒介的人类思想认识活动，是具有名称、时间、空间、价值等特殊的规定，具有发现、界定、彰显、区分、抽象和产生各种事物的能力，具有事情或形而上者的容貌，有别于天地万物的具体事物③。

后来，本体这一概念逐渐被计算机科学和信息科学领域的研究人员借鉴，他们试图利用本体论中的"概念及概念间的关系"这一模型来反映客观世界的知识，因此，计算机科学和信息科学领域的本体也可称为知识本体。

2.2 本体的定义

本书讨论的本体均指计算机科学和信息科学领域的本体。值得一提的是，到目前为止，计算机科学和信息科学领域对本体尚无统一的规范化定义。

2.2.1 国外学者对于本体的定义

Enderton 认为，本体往往等同于那些由各种类、类的定义以及归类关系（subsumption relation）所构成的分类法层次结构，但本体并不一定仅限于此类形式。同时，本体也并不局限于保守型的定义（也就是传统逻辑学意义上的那些定义，它们所引入和采用的仅仅是术语，而没有添加任何有关客观世界的知识）④。

---

① 王森洋. 东西方哲学比较研究（第一版）[M]. 上海：上海教育出版社，1994：97—104.
② Perakath C, Benjamin, et al. IDEF5 Method Report [EB/OL]. http://www.idef.com/pdf/Idef5.pdf，2014-05-19.
③ 本体 [EB/OL]. http://baike.baidu.com/link?url=1PsCiPySMsgwsKg53V5KamqojrtsgvvWig2SvEUHwp9YWqh94yxH40AD_WYsuRCNt38inY0ZMxDl7w1TeY4cpUGrvLeifyOSFkhfTE0SVFK，2014-05-19.
④ Enderton H B. A mathematical introduction to logic[M]. San Diego, CA：Academic Press，1972.

20世纪70年代中期,人工智能(Artificial Intelligence,简称为AI)领域的研究人员认识到,知识的获取是构建强大AI系统的关键。他们认为,可以把反映客观世界知识的本体创建成计算机模型(computational models),从而进行特定类型的自动化推理(automated reasoning)。到了20世纪80年代,AI领域就开始采用术语"ontology"来同时指称关于模型化世界的一种理论以及知识系统的一种组件。借助于来自哲学本体论的灵感,一些研究人员把计算机本体论视为一种应用哲学[①]。

在AI领域,Neches等人最早给出本体的定义,他们认为,本体是给出构成相关领域概念的基本术语及其关系,以及利用这些术语和关系规定这些概念外延的规则[②]。

随后在信息系统、知识系统等领域,越来越多的研究人员研究本体,并给出了许多不同的定义。其中最著名并被广泛引用的定义是由Thomas R. Gruber提出的:本体是概念化的明确的规范说明。20世纪90年代初期,Thomas R. Gruber发表了一篇后来被广泛引用的论文"Toward Principles for the Design of Ontologies Used for Knowledge Sharing"("迈向知识共享型本体的设计原则")。在该文中,格鲁伯对于计算机科学术语"ontology"进行了审慎的定义。他采用这一术语来表示一种对于某一概念体系(概念表达或概念化过程,conceptualization)的详细说明。他认为,就像关于特定程序的形式化规格说明(形式化规约)那样,本体就是对那些可能相对于某一智能体(agent)或智能体群体而存在的概念和关系的一种描述。这一定义与"ontology"作为"概念定义之集合"的用法是一致的,但相对来说要显得更为通用[③]。格鲁伯还认为,要明确而又详细地说明所要表达的某个概念时,需要声明若干公理,从而对定义术语的那些可能解释加以约束和限制[④]。

N. Guarino等认为,本体是概念化的明确的部分的说明(一种逻辑语言模型)[⑤]。

---

① Gruber T R. Ontology [EB/OL]. http://tomgruber.org/writing/ontology-definition-2007.htm, 2014-05-19.

② Neches R F, Finin R, Gruber T R, et al. Enabling technology for knowledge sharing[J]. AI Magazine, 1991, 12(3):36-56.

③ Gruber T R. Toward principles for the design of ontologies used for knowledge sharing[J]. International Journal Human-Computer Studies, 1995, 43(5-6):907-928.

④ Gruber, T R. A translation approach to portable ontology specifications[J]. Knowledge Acquisition, 1993, 5(2):199-220.

⑤ Guarino N, Giaretta P. Ontologies and knowledge bases towards a terminological clarification [A]. Preceedings of the 2nd International Conference on Building and Sharing Very Large-Scale Knowledge Bases[C]. Netherlands:IOS Press, 1995:25-32.

第2章 本体基本概念和理论

M. Uschold 等认为,本体是概念化的明确描述,是关于共享的概念模型的协议。共享的概念模型包括进行领域知识建模的概念框架、互操作的 agent 之间进行交流的内容明确协议以及表达特定领域理论的协定。在知识共享的上下文环境中,本体特指表达性词汇表定义的形式。一个非常简单的例子就是分类的层次结构,指明了类和它们之间的包含关系。关系数据库模式的作用也和本体一样,它指定了某些共享数据库之间可以存在的关系以及必须保持的完整性约束[1]。

W. N. Borst 对本体的定义进行了引申:本体是共享的概念模型的形式化的规范说明[2]。

Swartout 对本体的定义:本体是一个为描述某个领域而按继承关系组织起来作为一个知识库骨架的一系列术语[3]。

Studer 认为本体是共享概念模型的明确的形式化规范说明[4]。

Fensel 认为本体是对一个特定领域中重要概念共享的、形式化的描述[5]。

Natalya F. Noy 认为本体是对某个领域中概念的形式化的、明确的表示,每个概念的特性描述了概念的各个方面及其约束的特征和属性[6]。

Fonseca 等认为本体是以某一观点用详细明确的词汇表描述实体、概念、特性和相关功能的理论[7]。

Starlab 认为,本体必须包括所使用术语的规范说明、决定这些术语含义的协议以及术语之间的联系,以用来表达概念[8]。

Fredrik Arvidsson 等认为,本体提供了一种共享词表,描述了特定领域中那

---

[1] Uschold M. Ontologies principles, methods and applications[J]. Knowledge Engineering Review, 1996, 11(2): 93-136.

[2] Borst W N. Construction of engineering ontologies for knowledge sharing and reuse[D]. Enschede: University of Twente, 1997.

[3] Swartout R P B, Knight K, Russ T. Toward distributed use of large-scale ontologies[J]. Ontological Engineering, 1997: 138-148.

[4] Studer R, Benjamins R, Fensel D. Knowledge engineering: principles and methods[J]. IEEE Transactions on Data and Knowledge Engineering, 1998, 25(1/2): 161-197.

[5] Fensel D. The semantic web and its languages[J]. IEEE Computer Society, 2000, 15(6): 67-73.

[6] Noy N F, Mcguinness D L. Ontology development 101: a guide to creating your first ontology[R]. Stanford Knowledge Systems Laboratory Technical Report KSL-01-05, 2001.

[7] Fonseca F, Egenhofer M, Agouris P, et al. Usingontologies for intergrated geographic information systems[J]. Transactions in GIS, 2002(6): 3.

[8] Research issues in Starlab [EB/OL]. http://www.starlab.vub.ac.be/website/research, 2014-05-19.

些存在着的概念及其属性和相互关系①。

有学者认为,本体就是一种特殊类型的术语集,具有结构化的特点,且适合于在计算机系统之中使用。也有学者认为,本体实际上就是对特定领域中的概念及其相互之间关系的形式化表达。甚至还有学者认为,本体是人们以自己兴趣领域的知识为素材,运用信息科学的本体论原理编写出来的作品②。

国外学者关于本体在计算机科学和信息科学领域的定义参见表2-1。

表2-1 本体的各种定义

提出者	提出时间(年)	本体的定义
Enderton	1972	本体往往等同于那些由各种类、类的定义以及归类关系(subsumption relation)所构成的分类法层次结构,但本体并不一定仅限于此类形式。
R. F. Neches 等	1991	本体是给出构成相关领域概念的基本术语及其关系,以及利用这些术语和关系规定这些概念外延的规则。
T. R. Gruber	1995	本体是概念化的明确的规范说明。
N. Guarino 等	1995	本体是概念化的明确的部分的说明(一种逻辑语言模型)。
M. Uschold 等	1996	本体是概念化的明确描述。
W. N. Borst	1997	本体是共享的概念模型的形式化的规范说明。
Swartout 等	1997	本体是一个为描述某个领域而按继承关系组织起来作为一个知识库骨架的一系列术语。
Studer 等	1998	本体是共享概念模型的明确的形式化规范说明。
D. Fensel	2000	本体是对一个特定领域中重要概念共享的形式化的描述。
Natalya F. Noy 等	2001	本体是对某个领域中概念的形式化的明确的表示,每个概念的特性描述了概念的各个方面及其约束的特征和属性。
F. Fonseca 等	2002	本体是以某一观点用详细明确的词汇表描述实体、概念、特性和相关功能的理论。

① Arvidsson F, Flycht-Eriksson A. Ontologies 1 [EB/OL]. http://www.ida.liu.se/~janma/SemWeb/Slides/ontologies1.pdf, 2014-05-19.
② 本体(信息科学)[EB/OL]. http://zh.wikipedia.org/wiki/本体_(信息科学), 2014-05-19.

续 表

提出者	提出时间(年)	本体的定义
Starlab	2003	本体必须包括所使用术语的规范说明、决定这些术语含义的协议以及术语之间的联系,以用来表达概念。
Fredrik Arvidsson 等	2008	本体提供了一种共享词表,描述了特定领域中那些存在着的概念及其属性和相互关系。

2.2.2 国内学者对于本体的理解

北京大学哲学系的杨学功先生建议,将作为一门哲学分支学科的"Ontology"译为"存在论"而不是"本体论",但可以继续保留"本体论"一词。"本体论"可以有两种不同的含义:(1) 它不再用来指称作为一门哲学分支学科的 Ontology(存在论),而是用来指称西方哲学史上探讨"on"的问题时所历史地形成的一种哲学形态—实体主义或实体中心主义的哲学形态;(2) 或者将它降格为 Ontology(存在论)的一个子概念,即"关于存在者的学说"这一学科的子分支,与另一个哲学学科子分支——"关于存在方式的学说"相并列,这样更符合当代哲学与科学思维发展的新形势[①]。

张晓林博士称"ontology"为"概念集"。他认为概念集(ontologies)是指特定领域公认的关于该领域的对象(实际对象和逻辑对象)及其关系的概念化表述[②]。

刘柏嵩和高济使用了"概念模型(Conceptual Model)"这一术语[③]。他们认为概念模型包含:类(概念)层次、类属性以及一组符合有关类或其属性的公理的规则。因此,这里的"概念模型"已具备了本体的特征。

张玉峰教授认为概念网络是知识检索的基础,这里的概念网络中的每个节点均反映唯一的知识内容,并采用若干属性的元组来表示[④]。通过对概念进行分类建立概念的层次结构,网络中的每个概念(类)都具有层次分明的树状关系,形成概念网络中的主关联。同时,概念节点可以根据自身属性或内容相互连接形成辅助关联网络,从而有效地揭示概念节点间的各种相关关系。这里的概念网络本质上也是一个本体。

综合理解和思考以上计算机科学和信息科学领域国内外学者对本体的理

---

① 杨学功. 关于 ontology 的译名问题[J]. 科技术语研究,2004,6(4):15—18.
② 张晓林,李宇. 描述知识组织体系的元数据[J]. 图书情报工作,2002,(2):64—69.
③ 刘柏嵩,高济. 基于 RDF 的异构信息语义集成研究[J]. 情报学报,2002(6):691—695.
④ 张玉峰,李敏. 动态约束性概念网络与知识检索研究[J]. 情报学报,2003,22(3):278—281.

解,可以知道,本体是一种反映客观世界知识的模型,该模型描述了领域中的概念(或者说是类)、属性以及概念间关系,并且具有以下4层含义:

(1) 概念化(conceptualization):本体是客观世界现象的抽象模型,其表示的含义独立于具体的环境状态;

(2) 明确化(explicit):概念及它们之间的关系都被精确定义;

(3) 形式化(formal):具有精确的数学描述,且是计算机可读的;

(4) 共享化(share):本体中的知识是用户共同认可的,是相关领域中公认的概念集。

李景[1]对本体进行了概括性的定义:本体是一个关于某些主题的、层次清晰的规范说明;它是一个已经得到公认的形式化的知识表示体系,包含词表(名称表/术语表);词表中的术语全是与某一专业领域相关的,词表中的逻辑声明全部是用来描述那些术语的含义和术语间关系的,即它们是怎样和其他术语相关联的;因此,本体提供了一个用来表达和交流某些主题知识的词表和一个关系集,关系集是词表中术语间关系的集合。笔者认为该定义明确清晰地表达了本体的基本含义、内容和作用。

为了能完整并且完善地描述领域知识,作为知识组织重要手段的知识本体应该具备以下5个基本建模元语(Modeling Primitive)或者说是基本要素:类(Class)、关系(Relation)、函数(Function)、公理(Axiom)和实例(Instance)[2]。

(1) 类(Class)或者说是概念(Concept)。类是性质相似的术语组成的集合,这些性质相似的术语表达了同一概念,就是类标签。

(2) 关系(Relation)。关系代表了领域中类之间的交互作用,例如,子类关系subClass-of反映了具有此关系的两个类中,其中一个类是另外一个类的子类。

(3) 函数(Function)。函数是一类特殊的关系,函数中规定了映射关系,这样的映射可以把一个概念指向另一个概念。例如,函数Mother()将某个人或生物与他(它)的母亲联系到一起。对于任何人或动物而言,Mother()的值唯一,而Mother()的逆反函数Children()的值不一定是唯一的[3]。

(4) 公理(Axiom)。公理是无须证明的永真断言,通常都是一阶谓词逻辑的表达式。

---

[1] 李景. 本体理论及在农业文献检索系统中的应用研究——以花卉学本体建模为例[D]. 北京:中国科学院文献情报中心,2006.

[2] Perez A G, Benjamins V R. Overview of knowledge sharing and reuse components: ontologies and problem solving methods[C]. Stockholm V R. IJCAI-99 Workshop on Ontologies and Problem Solving Methods (KRR5), 1999: 1-15.

[3] 李景. 本体理论及在农业文献检索系统中的应用研究——以花卉学本体建模为例[D]. 北京:中国科学院文献情报中心,2006.

(5) 实例(Instance)。实例也称为个体,它是类的成员,类都是由实例构成的。实例是本体中的最小对象,它具有原子性,即不可再分性。如果某个实例还可以再进行划分,那么它就是一个类,而不是实例。例如,"张小红"是"学生"类的一个实例。

研究人员可以用本体对领域知识进行建模,也可以利用本体中概念的属性对领域知识进行推理。本体可应用的领域包括:人工智能、语义网、软件工程、生物医学信息学、图书馆学、信息架构等。

2.3 本体的分类

最普遍的对本体分类的方法是按本体的领域归属度,将本体分为领域本体与上层本体(或称为通用本体)。

◆ 领域本体

领域本体(domain ontology)是对特定领域的知识进行建模的结果,是专业性的本体。在这类本体中,被描述的知识是针对特定领域的,因此,本体中的术语是领域相关的,如氨基酸、细胞周期等。领域本体提供了某个领域中概念的术语以及概念之间的关系,或者该领域的重要理论。例如疾病本体(disease ontology)[①],在设计上旨在促进各种疾病及相关健康状况向特定医学代码的映射。

领域本体在描述概念时采用的是特殊而又往往具有选择性的方式,因而它们往往缺乏兼容性。那些依赖于领域本体的系统,如果要进行扩展,需将不同的领域本体进行合并,形成一部更为通用的本体,这些对于本体设计者和构建者来说都是具有挑战性的难题。此外,在同一领域内,由于设计者和构建者在文化背景、受教育程度以及意识形态上会有所不同,因此,对于该领域感知的情况也会不同,他们在本体设计和构建过程中会采用不同的表达语言,从而导致不同领域本体的出现。

◆ 上层本体

上层本体(upper ontology,或者说是通用本体、基础本体、顶级本体)是指由那些在各种领域本体中都普遍适用的共同对象所构成的模型。上层本体中的核心词表,可以用来描述一套领域中的对象,这些词表不依赖于特定的问题或领域。在这类本体中,被描述的知识可以跨领域应用,这些知识还包括与事物、事件、时间、空间和地区等相关的词汇表。目前,已有的现成可用的标准化上层本

---

① Disease Ontology Wiki [EB/OL]. http://do-wiki.nubic.northwestern.edu/do-wiki/index.php/Main_Page,2014-05-20.

体有：都柏林核心、通用形式化本体（General Formal Ontology，GFO）、OpenCyc/ResearchCyc 等。

除了领域本体和上层本体的典型分类外，有研究人员还依据本体侧重点的不同对本体进行分类[①]：(1) 描述问题求解方法的本体被称为问题求解本体或应用本体（Problem-solved ontology/Application ontology）。这种本体描述了既依赖于某个特定领域又依赖于某项课题的知识，因此，它包含了解决问题的方法。一个应用本体中的概念既包含专业领域概念，又包含解决问题的方法体系中的概念。这些概念明确指出在特定的解决问题的方法体系中，相关专业领域的概念所起的作用。(2) 描述知识表示语言的本体被称为表示本体或元本体、宏本体（Representation ontology 或 Meta-ontology）。表示本体是指在一个特定的知识表示体系中，由对知识进行形式化表达的元词（词根）形成的本体。例如，框架本体（Frame ontology）定义了用来获取普遍规律的术语，这些规律常用在以对象为中心的知识表示系统（如框架、描述逻辑等）中。这类本体定义了概念、关系、函数、数量、精确的学科领域、精确的范围、一元关系、二元关系等。

也有研究人员以本体的详细程度对本体进行分类。详细程度大的本体被称为参考本体，而详细程度小的本体被称为共享本体。

此外，根据本体表示的形式化程度，本体可分为完全非形式化（highly informal）、结构非形式化（structured-informal）、半形式化（semi-formal）和完全形式化（rigorously formal）4 种类型。非形式化本体的应用能使得人与人之间有较好的交流。如果需要由机器自动完成处理，则本体的形式化程度越高越好。有时由于特殊的需求还要将形式化和非形式化两种方式的本体结合起来使用。

在上述提到的本体分类中，表示本体、应用本体、领域本体和上层本体已在计算机科学和信息科学领域被广泛接受和认可。但同时也可看到，本体的分类并没有统一的标准和规范，从不同角度出发，存在多种对本体的分类情况[②]。这个现象也从另一方面说明了本体研究领域当前正在蓬勃发展，百家争鸣。

2.4 本体的主要描述语言

语言或者说符号是用来描述客观世界存在的手段和工具，也是人类用来记录实践活动、思想活动以及对于世界认识的手段和工具。作为描述客观世界概

[①] 李景. 本体理论及在农业文献检索系统中的应用研究——以花卉学本体建模为例[D]. 北京：中国科学院文献情报中心，2006.
[②] 侯阳，刘扬，孙瑜. 本体研究综述[J]. 计算机工程，2011，37(S)：24—26.

念以及概念间关系的本体,也需要采用一定的语言来对其描述,这便是本体描述语言,或者称为本体标记语言、本体构建语言、本体表示语言。利用本体描述语言,可以将本体中的概念(或称为类)、关系、函数、公理以及实例表示出来,使得基于本体的相关应用能顺利实现。

可以采用自然语言来描述本体,也可以采用框架、语义网络、逻辑语言等来描述本体。若想要在本体中实现较强的推理能力,一般选择逻辑描述语言来表示本体。本体描述语言的需求分析与设计是本体研究领域的重要部分[①]。

2.4.1 本体描述语言特征

从本体的特点与本体应用的需求出发,本体描述语言应该具备以下这些基本条件[②][③][④]:

(1) 为了实现推理能力,本体描述语言应该基于某种形式的逻辑。例如,一阶谓词逻辑、描述逻辑。

(2) 本体描述语言必须是计算机可读的,这样才能保证本体是一个共享概念模型的明确的形式化规范说明,使得本体可以在不同系统之间导入和输出。

(3) 本体描述语言必须具备编码语言的表达性、编码的精确性和语言的语义性。

(4) 本体描述语言必须支持语法和语义的互操作性,从而能实现本体间的交流和共享。

(5) 本体描述语言必须为本体从自然语言表达格式转为计算机可理解的逻辑表达格式提供标引工具。

(6) 本体描述语言必须为构建本体提供建模元语(Modeling Primitives)。

(7) 本体描述语言必须包含类定义原语和属性定义原语。

(8) 本体描述语言应该能对特殊的等价关系进行说明。

(9) 本体描述语言必须能描述特定领域的公理与假设。

(10) 本体描述语言必须能给出类的实例。

(11) 本体描述语言必须能提供版本、名称域、本体描述性元数据等。

(12) 本体描述语言必须能提供本体文件的封装方式。

---

① 曹树金,马利霞. 论本体与本体语言及其在信息检索领域的应用[J]. 情报理论与实践,2004,27(6):632—637.

② 李景. 主要本体表示语言的比较研究[J]. 现代图书情报技术,2005(1):1—4.

③ Antoniou G, Van H F. Web ontology language:OWL[J]. Handbook Ononiologies, 2004(2):45-60.

④ Bechhofer S, Goble C, Horrocks I. Requirements of ontology languages[EB/OL]. http://www.academia.edu/2731867/Requirements_of_ontology_languages. 2014-05-21.

(13) 本体描述语言必须能支持字符模型。

因此,本体描述语言不仅要具备描述能力,还应该具备推理能力,因此,它一般都是基于某种逻辑语言的。当前的一些本体描述语言主要是基于一阶逻辑和描述逻辑的。

一阶逻辑是一种形式语言系统,它研究了假设与结论之间的蕴含关系并用逻辑的方法研究推理规律。一阶逻辑可以看成自然语言的一种简化形式,具有很强的表达能力。它具备精确、无二义性的特点,因此,一阶逻辑容易被计算机理解,进而能对其进行相关处理。但因为一阶逻辑是一种形式语言,还不能表示人类自然语言所能表达的全部知识,仅可以用来表示某些知识[①]。

描述逻辑是一种基于对象的知识表示的形式化,也可称为概念描述语言或术语逻辑。描述逻辑建立在概念及其关系之上,其中概念指的是对象的集合,关系指的是对象之间的二元关系。描述逻辑是一阶逻辑的一个可判定子集,它具有合适定义的语义,并且具有很强的表达能力[②]。

2.4.2 主要的本体描述语言

众多研究人员对本体描述语言进行了研究,诞生了许多本体描述语言:OWL、RDF(S)、OIL、DAML、DAML+OIL、KIF、SHOE、XOL、OCML、Ontolingua、CycL、Loom、DL、OKBC、OCML、FLogic、XOL、TM 等。笔者选取了其中应用最广泛的且在语义网分层体系中标准化的几种本体描述语言来进行论述。

◆ XML

XML 是一种 SGML,可用来对数据进行描述,是目前大多数本体描述语言的基础。在语义网分层体系结构中,第 2 层为 XML 结构层,因此,XML 对于语义网是非常重要的。

万维网联盟(W3C)发现 HTML 存在以下问题[③]:

(1) 不能解决所有解释数据,例如:影音文件、化学公式、音乐符号等形态的内容。

(2) 性能问题,需要下载整份文件才能开始对文件搜索。

(3) 扩充性、弹性、易读性均不佳。

为了解决上述问题,专家们对 SGML 精简制作,并借鉴 HTML 的发展经

[①] 刘遵雄,郑淑娟. 基于一阶逻辑 FOL 的知识交换格式 KIF[J]. 情报杂志,2003(8):41—42.
[②] 董明楷,蒋运承,史忠植. 一种带缺省推理的描述逻辑[J]. 计算机学报,2003(6):729—736.
[③] XML[EB/OL]. http://zh.wikipedia.org/zh-cn/XML,2014-05-22.

验,创建了一套使用简单但规则严谨的数据描述语言:XML。

万维网联盟(W3C)于1998年2月发布了XML1.0规范[①]。XML的设计目标是用来存储和传输数据,它被广泛用来作为跨平台之间进行数据交互的形式,主要针对数据的内容,通过不同的格式化描述手段(XSLT、CSS等)完成最终的形式表达,生成对应的HTML、PDF或其他格式的文件。

XML是数据的文本化表示,XML文档中的基本单位是元素,它的语法格式如下[②]:

<标签>文本内容</标签>

元素是由起始标签、元素的文本内容和结束标签组成。用户把要描述的数据对象放在起始标签和结束标签之间。例如:

<name>Jason</name>

XML的元素中还可以嵌套别的元素,使得相关信息构成一个层次结构,如下所示:

<person>
    <name>Jason</name>
    <age>12</age>
    <gender>male</gender>
    <email>Jason@gmail.com</email>
</person>

在上述XML描述中,可以把person、name、age、gender和email看成术语(概念),把Jason、12、male、Jason@gmail.com看成术语(概念)的属性,则上述XML片段描述了本体中的概念以及概念间的关系。

◆ RDF

RDF由万维网联盟(W3C)于1999年开始研发,它是一个在网络上交互数据的标准模型[③],其主要功能是利用元数据来描述网络资源,生成人机可读的并可以由计算机自动处理的文件。RDF的目标是建立一个供多种元数据标准共存的框架,以充分利用各种元数据的优势,并能够进行基于网络的数据交换和再

---

① Extensible Markup Language(XML) 1.0[EB/OL]. http://www.w3.org/TR/1998/REC-xml-19980210/, 2014-05-22.

② 邓志鸿,唐世渭,杨冬青,等. 基于OWL的本体表示和检索技术的研究[J]. 计算机工程与应用,2002,(3):14—15,67.

③ RDF[EB/OL]. http://www.w3.org/RDF/, 2014-05-22.

利用①。RDF 是描述对象及对象间二元关系的语言规范②。图 2-1 是一个利用 XML 语法的 RDF 描述实例。

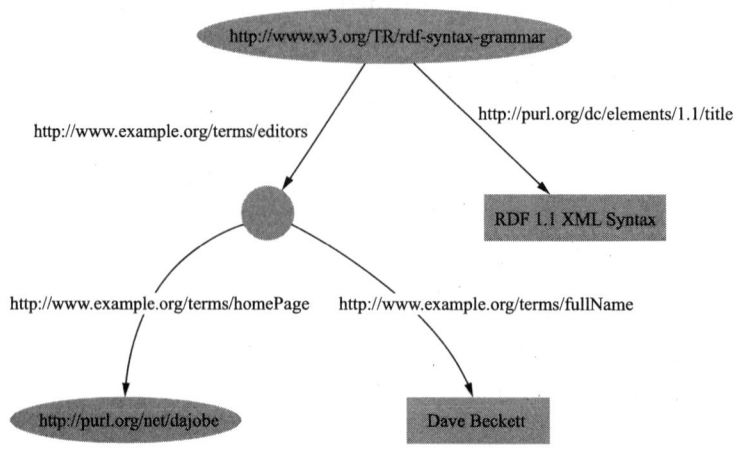

图 2-1　RDF/XML 描述资源实例③

图 2-1 显示了一个网络资源的地址 http://www.w3.org/TR/rdf-syntax-grammer,名为"RDF 1.1 XML Syntax"。这个资源是由一个名为"Dave Beckett"的编辑创建的,他的主页地址是 http://purl.org/net/dajobe。图中椭圆和圆形代表资源和对象,方框用来显示资源和对象的名称,箭头表示资源和对象间的关系。网络资源和创建者之间是"editors"关系,网络资源和网络资源名称之间是"title"关系,创建者和他的姓名之间是"fullName"关系,创建者和他的主页之间是"homepage"关系。

RDF 与 XML 之间有着非常紧密的关系。RDF 的功能之一是用一种标准化的、具有互操作性的模式为基于 XML 的数据规定语义。RDF 的目标是为描述资源定义一种机制。RDF 是一种元数据模型,而 XML 是一种语法格式。RDF 数据模型可以用 XML 表示,同时 RDF 数据模型也可以用其他语法格式描述。

RDF 是一个资源描述框架,它所描述的内容包括④:

---

① 姜恩波. RDF 原理、结构初探[J]. 现代图书情报技术,2001,(5):32—33.
② RDF 1.1 Concepts and Abstract Syntax [EB/OL]. http://www.w3.org/TR/2014/REC-rdf11-concepts-20140225/,2014-05-22.
③ RDF1.1 XML Syntax [EB/OL]. http://www.w3.org/TR/2014/REC-rdf-syntax-grammar-20140225/,2014-05-22.
④ 李景. 本体理论及在农业文献检索系统中的应用研究——以花卉学本体建模为例[D]. 北京:中国科学院文献情报中心,2006.

(1) 资源(Resource)：某种特定的信息条目，通常是一个 Web 网站，也可以是不需要通过网络访问的其他资源，如图 2-1 中的椭圆所示，通常以 URL 进行标识。

(2) 类和子类(Class/subClass)：可以对资源进行分类描述，同时每个类也可以有许多小的子类，由此可形成一个完整的分类体系。

(3) 属性(Property)：用于描述资源某个方面的特征，用来连接两个相关资源，表达了两个资源间的关系。例如，图 2-1 中，http://purl.org/dc/elements/1.1/title 将网络资源与它的标题进行关联。

(4) 定义域和值域(Domain/Range)：可以对属性连接的两个资源的取值范围进行限定。例如，图 2-1 中的属性"editors"的取值必须来自类"人(Person)"。

为了使得计算机能理解资源中的语义信息，RDF 还定义了一种基本数据模型。该模型包含 3 个部分：资源(Resource)、属性(Property)和声明(Statement)。

数据模型中的资源和属性参见上面的描述。数据模型中的声明就是用具体的属性将拥有关联关系的两个资源连接，它的作用是为资源属性分配属性值。声明由三部分构成，类似于汉语中的主谓宾结构：(1) 主语(Subject)：一项特定的资源；(2) 谓语(Predicate)：一个被命名的属性；(3) 宾语(Object)：主语在属性上的取值。

例如，在图 2-1 中，http://www.w3.org/TR/rdf-syntax-grammer 就是一个主语，http://purl.org/dc/elements/1.1/title 就是一个谓语，"RDF 1.1 XML Syntax"就是一个宾语，它们构成了一个 RDF 声明。这样的声明能被计算机读懂，因此，用这样的数据模型描述的资源支持交互和共享。

◆ RDFS

RDFS 是 RDF Schema 的缩写。RDF 仅仅提供了一个资源描述框架，还不能用它来很好地描述资源，需要在其基础上进行扩展。RDFS 就是对 RDF 的扩展，它为 RDF 数据提供了数据建模的词汇，可以增强对资源的语义描述[1]。

在 RDFS 中，不但可以描述存在哪些主要属性，而且可以描述属性从属于哪些类。RDFS 也为定义属性与资源之间的关系提供了机制。RDFS 的建模原语有：类、属性和属性约束。RDFS 中的核心类参见表 2-2。

---

[1] RDF Schema 1.1 [EB/OL]. http://www.w3.org/TR/2014/REC-rdf-schema-20140225/, 2014-05-22.

表 2-2　RDFS 中的核心类

类	描述
rdfs:Resource	RDF 描述的所有对象都称为资源，是类 rdfs:Resource 的实例。所有其他类都是类 rdfs:Resource 的子类。类 rdfs:Resource 是 rdfs:Class 的子类。
rdfs:Class	表示所有 RDF 类构成的集合。
rdfs:Literal	由字符串构成的集合。rdfs:Literal 是 rdfs:Class 的实例，是 rdfs:Resource 的子类。
rdfs:Datatype	由数据类型构成的集合。rdfs:Datatype 既是 rdfs:Class 的实例，又是 rdfs:Class 的子类。每一个 rdfs:Datatype 的实例是 rdfs:Literal 的子类。
rdfs:Property	由 RDF 属性构成的集合。rdfs:Property 是 rdfs:Class 的实例。

RDFS 中的核心属性参见表 2-3。

表 2-3　RDFS 中的核心属性

属性	描述
rdf:type	用来声明某个资源是某个类的实例，rdf:type 是 rdfs:Property 的实例。
rdfs:subClassOf	用来将子类和父类关联，可以把子类的实例都声明为父类的实例。该属性具有传递性，且它的定义域和值域均为类。rdfs:subClassOf 是 rdfs:Property 的实例。
rdfs:subPropertyOf	用来将子属性和父属性关联，可以把与子属性关联的资源均与父属性关联。该属性具有传递性，且它的定义域和值域均为属性。rdfs:subPropertyOf 是 rdfs:Property 的实例。

RDFS 中属性的约束（或称为属性的限制）参见表 2-4。

表 2-4　RDFS 中的属性约束

属性约束	描述
rdfs:domain	用来限制某属性的定义域，即规定 RDF 数据模型中声明的主语。
rdfs:range	用来限制某属性的值域，即规定 RDF 数据模型中声明的谓语。

RDFS 中除了上述的核心类、核心属性和属性的约束外，还有其他的一些类和属性[①]。

rdf:langString：由卷标语言字符串构成的集合，是 rdfs:Datatype 的实例，是 rdfs:Literal 的子类。

---

① RDF Schema 1.1 [EB/OL]. http://www.w3.org/TR/2014/REC-rdf-schema-20140225/，2014-05-22.

rdf:HTML:由 HTML 文本构成的集合,是 rdfs:Datatype 的实例,是 rdfs:Literal 的子类。

rdf:XML Literal:由 XML 文本构成的集合,是 rdfs:Datatype 的实例,是 rdfs:Literal 的子类。

rdfs:label:用来对资源声明一个人类可读的标签,是 rdfs:Property 的实例,它的定义域是 rdfs:Resource,值域是 rdfs:Literal。

rdfs:comment:用来对资源声明一个人类可读的描述,是 rdfs:Property 的实例,它的定义域是 rdfs:Resource,值域是 rdfs:Literal。

rdfs:Container:是所有 RDF 容器类的超类。

rdf:Bag:是所有 RDF 无序容器的集合,是 rdfs:Container 的子类。

rdf:Seq:是所有 RDF 有序容器的集合,是 rdfs:Container 的子类。

rdf:Alt:是所有 RDF 可选容器的集合,是 rdfs:Container 的子类。

rdf:member:是 rdfs:Property 的实例,它的定义域和值域均为 rdfs:Resource。

◆ OWL

OWL 由万维网联盟(W3C)于 2001 年提出,是语义网的描述语言,可以表示丰富且复杂的关于概念(类)、实例、概念间关系等知识。OWL 是基于计算机逻辑的语言,因此,用 OWL 描述的知识能够被计算机理解并开发利用。例如,可以验证知识的一致性或者使隐性知识显性化。作为本体的 OWL 文档可以发布在万维网上,并且可以和其他的 OWL 本体进行交互。万维网联盟(W3C)网络本体工作组(Web Ontology Working Group)于 2004 年发布了 OWL 的第一个版本,后于 2009 年发布第二个版本 OWL 2,并于 2012 年进行了相关修改[①]。

OWL 是一种描述本体的逻辑语言,可用来描述一个感兴趣领域中的知识,这些知识通常是一组领域术语(或称为词汇表)、术语间的各种关系、关于领域内容的断言(或称为公理),这些知识构成了 OWL 文档的组成要素。

OWL 分类[②]

OWL 提供了 3 种子语言,以分别用于特定的实现者和用户团体。这 3 种子语言按表达能力递增分别为:OWL Lite、OWL DL 和 OWL Full,每种子语言在不同程度上实现本体的需求。

(1) OWL Lite。提供给那些只需要一个分类层次和简单约束的用户。虽然 OWL Lite 支持属性的基数限制,但只允许基数为 0 或 1。支持 OWL Lite 的

---

① Web Ontology Language (OWL) [EB/OL]. http://www.w3.org/2001/sw/wiki/OWL, 2014-9-13.

② 李景. 本体理论及在农业文献检索系统中的应用研究——以花卉学本体建模为例[D]. 北京:中国科学院文献情报中心, 2004.

工具比支持具有更强表达能力 OWL 语言的工具更简单,并且从词典和分类系统转换到 OWL Lite 更迅速。

(2) OWL DL。支持那些需要在推理系统上进行最大程度表达的用户,这里的推理系统能够保证计算完全性(Computational Completeness,即所有的结论都能够保证被计算出来)和可决定性(Decidability,即所有的计算都在有限时间内完成)。它包括了 OWL 语言的所有成分,但有一定的限制,如类的分离:一个类不能同时成为一个个体或属性,一个属性不能同时成为一个个体或类。

(3) OWL Full。支持那些需要在没有计算保证的语法自由的 RDF(S)上进行最大程度表达的用户。例如,一个类可以被看成许多个体的一个集合,也可以本身作为一个个体。OWL Full 可以与 RDF(S)完全兼容,任何合法有效的 RDF(S)文档和推理在 OWL Full 中也是合法有效的。

在表达能力和推理能力上,每个子语言都是前面语言的扩展,三者间有如下关系:

(1) 每个合法的 OWL Lite 本体都是一个合法的 OWL DL 本体;
(2) 每个合法的 OWL DL 本体都是一个合法的 OWL Full 本体;
(3) 每个有效的 OWL Lite 结论都是一个有效的 OWL DL 结论;
(4) 每个有效的 OWL DL 结论都是一个有效的 OWL Full 结论。

因此,这 3 种子语言从 OWL Full 到 OWL DL 到 OWL Lite 具有向下兼容性。

用户在描述本体时选择 OWL 的哪种子语言需要结合具体需求而定。OWL Lite 的明显优点是它的推理机具有优良的性质,用户若对推理有更高要求,可以选择该子语言。OWL DL 和 OWL Full 具有较强的表达能力,用户若对知识描述和表达有更高的要求可选择这两种子语言。OWL Full 与 RDF(S)兼容,用户若需要 RDF(S)的元建模机制可选择该子语言。

OWL 与 RDF(S)密切相关。在 OWL 中,使用了大量的 RDF(S)语法结构,包括类型信息、实例声明等。但是,OWL 对 RDF(S)和 XML 进行了改进,定义了自己特有的语法格式,使得对于用户和应用程序更易阅读和理解[①]。

OWL 基本元素

一个 OWL 本体中的基本元素包括:类(Class)、属性(Propert)和类的实例(Instance)。

(1) 类和子类

类(Class)是属性相同或相似的个体组成的集合。子类(subClass)是类中部分个体组成的集合。类与子类间的关系通过属性 subClassOf 连接,组成层次关系。例如,subClassOf(A,B)表明 A 是 B 的子类。

---

① 谷俊. 本体构建技术研究及其应用——以专利预警为例[D]. 南京:南京大学,2012.

OWL 中的所有个体都是类 owl:Thing 的成员,因此,用户自定义的类都是 owl:Thing 的子类。OWL 也可以定义空类 owl:Nothing,该类不包含任何个体成员,也不存在与之关联的层次关系。要定义一个领域的根类,只需将它声明为一个具名类(Named Class),语法如下:

<owl:Class rdf:ID="Root Class Name"/> (式 2-1)

本体中的分类关系即层次关系(IS-A 关系)可以通过类和子类来反映,可以采用以下两种方式来表示。

方式一:
<owl:Class rdf:ID="Class Name">Content</owl:Class> (式 2-2)
<owl:Class rdf:ID="subClass Name">
   <rdfs:subClassOf rdf:resource="#superClass Name"/>(式 2-3)
   ...
</owl:Class>

方式二:
<owl:Class rdf:ID="subClass Name">
   <rdfs:subClassOf>
      <owl:Class rdf:ID="Superclass Name">Content</owl:Class>
(式 2-4)
   </rdfs:subClassOf>
   ...
</owl:Class>

第一种方式是先用式 2-2 定义父类,然后在定义子类的时候利用式 2-3 指定其父类;第二种方式则是将上述两个过程合并为一个,即在定义子类的过程中,指明其父类,并利用式 2-4 对父类进行定义。

在以上定义父类和子类的过程中,利用了属性 subClassOf,它是可传递的,例如,"红葡萄酒"是"葡萄酒"的子类,而"葡萄酒"是"酒"的子类,则"红葡萄酒"也是"酒"的子类。"红酒 A"是"红葡萄酒"的实例,则我们知道它也应该是"葡萄酒"和"酒"的实例,属性 subClassOf 因为具有传递性,所以可以推导出"红酒 A"是"葡萄酒"和"酒"的实例。这便是本体的推理机制。

(2) 属性

属性(Property)是一个二元关系,用来断言类成员的一般事实和个体的具体事实。OWL 中有两种类型的属性:对象属性(Object Property)和数据类型属性(Datatype Property)。对象属性用来描述两个类的实例间的关系,例如属性"madeFromGrape"可以标识类"葡萄酒"中的实例与类"制作葡萄酒的葡萄"中实例间的关系,madeFromGrape(葡萄酒 A,赤霞珠)描述了"葡萄酒 A"是由葡萄"赤霞珠"制作的。数据类型属性用来描述类实例和数据类型之间的关系。

在定义一个属性的时候,可以对属性加以限定,指定其定义域(domain)和值域(range),也可以将一个属性定义为某个已有属性的子属性。属性的定义域(domain)用于限制哪些个体可以使用这个属性,属性的值域(range)则用来限制个体属性取值的范围。在程序设计中,类型信息被用来检查程序设计语言的一致性,而在 OWL 中,一个定义域或值域可被用来推断一个类型。

以下是一个 OWL 本体片段:

<owl:ObjectProperty rdf:ID="madeFromGrape"> (式 2-5)
 <rdfs:domain rdf:resource="♯葡萄酒"/> (式 2-6)
 <rdfs:range rdf:resource="♯制作葡萄酒的葡萄"/> (式 2-7)
</owl:ObjectProperty>
<owl:Thing rdf:ID="LindemansBin65Chardonnay"> (式 2-8)
 <madeFromGrape rdf:resource="♯霞多丽"/> (式 2-9)
</owl:Thing>

在上述 OWL 描述中,式 2-5 定义了一个对象属性"madeFromGrape"。式 2-6 指定了这个对象属性的定义域为"葡萄酒",即只有该类中的个体才拥有此属性。式 2-7 定义了对象属性的值域,即该属性只能在此范围内取值。

式 2-8 定义了个体"LindemansBin65Chardonnay",式 2-9 为该个体定义了对象属性"madeFromGrape"且值为"霞多丽"。我们已经知道属性"madeFromGrape"的定义域为"葡萄酒"而值域为"制作葡萄酒的葡萄",所以,依此可以推断出"LindemansBin65Chardonnay"必定是一种葡萄酒,而"霞多丽"必定是一种制作葡萄酒的葡萄。

属性也可以像类那样构建层次结构,可以为一个已有属性设置它的子属性,参见以下 OWL 描述。

<owl:Class rdf:ID="葡萄酒描述"/> //定义类"葡萄酒描述"

<owl:Class rdf:ID="葡萄酒颜色"> //定义类"葡萄酒颜色"作为
 <rdfs:subClassOf rdf:resource="♯葡萄酒描述"/> //类"葡萄酒描述"的子类
</owl:Class>

<owl:ObjectProperty rdf:ID="hasWineDescriptor"> //定义属性"hasWineDescriptor"

第2章 本体基本概念和理论

    <rdfs:domain rdf:resource="#葡萄酒"/>　　//定义属性的定义域
    <rdfs:range rdf:resource="#葡萄酒描述"/>　　//定义属性的值域
  </owl:ObjectProperty>

    <owl:ObjectProperty rdf:ID="hasColor">　　　　　　　　　　（式2-10）
    <rdfs:subPropertyOf rdf:resource="#hasWineDescriptor"/>
    　　　　　　　　　　　　　　　　　　　　　　　　　（式2-11）
    <rdfs:range rdf:rcsource="#葡萄酒颜色"/>　　　　　　（式2-12）
    ……
  </owl:ObjectProperty>

  在上述OWL描述中，式2-10和式2-11定义了属性"hasWineDescriptor"的子属性"hasColor"，并且利用式2-12限定了子属性的值域为"葡萄酒颜色"，该值域应该是上层属性值域的子类。属性的层次关系同样具有推理能力：任何个体如果具有值为X的"hasColor"属性，那么它也具有值为X的"hasWineDescriptor"属性。

  （3）类的实例和实例间的关系

  类中包含的成员即类的实例，也可以称为个体（Individual）。在某些时候，一个事物是一个类，但同时又可看作另外一个类的实例。例如，葡萄品种"赤霞珠"是所有该品种实体葡萄构成的类，但同时也是类"制作葡萄酒的葡萄"的一个实例。实例关系和子类关系也容易混淆。子类应该是部分类成员组成的集合，而实例并不是部分类成员组成的集合。葡萄品种"赤霞珠"是类"制作葡萄酒的葡萄"的一个实例而不是子类，因为它不是若干葡萄品种的集合。实例间的关系则通过属性连接。

  属性特征

  属性特征提供了一个强有力的机制以增强对于一个属性的推理，主要的属性特征有以下几种：

  （1）传递性（TransitiveProperty）。如果一个属性P具有传递性，则对于任意X、Y和Z，$P(X, Y)$和$P(Y, Z)$蕴含$P(X, Z)$。例如属性"locatedIn"，由locatedIn(南京,江苏)和locatedIn(江苏,中国)可以推导出locatedIn(南京,中国)。

  （2）对称性（SymmetricProperty）。如果一个属性P具有对称性，则对于任意X和Y，$P(X, Y)$当且仅当$P(Y, X)$。例如属性"adjacentRegion"，由adjacentRegion(南京,句容)可以推导出adjacentRegion(句容,南京)。

  （3）互逆性（inverseOf）。如果一个属性P_1与另一个属性P_2具有互逆性，则$P_1(X, Y)$当且仅当$P_2(Y, X)$。例如属性"produceWine"和属性"hasMaker"，由produceWine(酿酒厂X,红酒Y)可推导出hasMaker(红酒Y,酿酒厂X)。

(4) 函数式(FunctionalProperty)。如果一个属性 P 是函数型属性,则对于任意 X、Y 和 Z,P(X, Y)和 P(X, Z)蕴含 Y = Z,即一个个体只能有唯一一个属性值。例如属性"hasMaker",由 hasMaker(红酒 X,酿酒厂 Y)和 hasMaker(红酒 X,酿酒厂 Z)可推导出"酿酒厂 Y = 酿酒厂 Z"。

(5) 反函数式(InverseFunctionalProperty)。如果一个属性是反函数型的,则对于任意 X、Y 和 Z,P(Y, X)和 P(Z, X)蕴含 Y = Z,即具有相同属性值的个体是同一个。例如属性"produceWine",由 produceWine(酿酒厂 Y,红酒 X)和 produceWine(酿酒厂 Z,红酒 X)可以推导出"酿酒厂 Y = 酿酒厂 Z"。

属性值限制(属性值约束)

属性值限制是为了在明确的上下文中进一步限制属性的值域,主要的属性值限制有以下两种:

(1) 全部取值于(allValuesFrom)。如果属性 P 具有该属性限制,则表明拥有该属性个体的属性取值必须来自 owl:allValuesFrom 从句指定的类的成员。如果为属性"hasMaker"设置属性值限制:

<owl:allValuesFrom rdf:resource="#葡萄酒制造商"/>

则属性"hasMaker"只能从类"葡萄酒制造商"中取值,而不能取类成员以外的值。

(2) 部分取值于(someValuesFrom)。该属性值限制类似于 allValuesFrom。如果属性 P 具有该属性值限制,则表明拥有该属性的个体中,至少有一个个体的属性取值来自 owl:someValuesFrom 从句指定的类的成员,可以有个体的属性取值不是从句指定的类的成员。如果为属性"hasMaker"设置属性限制:

<owl:someValuesFrom rdf:resource="#葡萄酒制造商"/>

则作为属性"hasMaker"定义域的类"葡萄酒",其中至少有一个个体的属性值来自类"葡萄酒制造商",会有部分个体的属性不在类"葡萄酒制造商"中取值。

属性基数限制(属性基数约束)

属性基数限制主要用于对一个二元关系中属性取值数目的限制。在 OWL Lite 中,基数被限制只能为 0 或 1,表明属性的取值数目只能是"至少 1 个"、"不超过 1 个"和"恰好 1 个"。而 OWL DL 和 OWL Full 中允许使用除 0、1 外的正整数作为基数。

(1) 最小基数(minCardinality)。表示属性取值数目允许的最小值。如果类 A 的属性 P 的最小基数设定为 1,则表明该类的任意个体在属性 P 上的取值至少是 1 个,即类 A 中的个体至少与 1 个个体发生关联。

(2) 最大基数(maxCardinality)。表示属性取值数目允许的最大值。如果类 A 的属性 P 的最大基数设定为 1,则表明该类的任意个体在属性 P 上的取值最多是 1 个,即类 A 中的个体最多与 1 个个体发生关联。

(3) 基数(Cardinality)。如果属性的最大基数和最小基数相等,用 Cardinality 来表示。

本体映射

为了让本体发挥最大作用,需要共享和重用本体,OWL 也提供了相应的语言支持。

(1) 类和属性之间的等价关系

在进行本体组合时,不同本体中的类和属性如果具有等价关系,必须进行说明,这很重要,因为能降低工作量,提高构建本体的效率。

等价类(equivalentClass)。如果类 A 和类 B 等价,表示这两个类拥有完全相同的实例。通过类等价关系,可以进行这样的推导:如果实例 X 属于类 A,则实例 X 也属于类 B。语法如下:

<owl:Class rdf:ID="ClassA">
    <rdfs:equivalentClass rdf:resource="#ClassB"/>
</owl:Class>

等价属性(equivalentProperty)。如果属性 P_1 和属性 P_2 等价,则表明此两属性的定义域、值域以及相关属性限制完全相同。如果两个个体通过属性 P_1 相关联,则必定通过属性 P_2 也相关联。其语法与等价类相似。

(2) 个体间的同一性

个体相同(sameAs)。如果两个个体是相同的,却有不同的名称,则可以通过<owl:sameAs>声明为同一个体。

(3) 不同的个体

不同于(differentFrom)。用于对两个个体进行区分。

全不同(Alldifferent)。用于对多个个体两两间进行区分。

2.5 本体的作用

相较于分类表和叙词表,本体作为一种新的知识描述和知识组织方式,能在不同系统间进行数据的互操作,总体来讲,它的作用体现在以下几个方面[1][2][3]:

---

[1] Gruber T R. A translation approach to portable ontology specifications[J]. Knowledge Acquisition, 1993, 5(2): 199-220.

[2] Musen M A. Dimensions of knowledge sharing and reuse [J]. Computers and Biomedical Reseacrh, 1992 (25): 435-467.

[3] 李景. 本体理论及在农业文献检索系统中的应用研究——以花卉学本体建模为例[D]. 北京:中国科学院文献情报中心, 2006.

(1) 在不同用户或不同软件代理间达成对于信息资源的共同认识和理解。假设有若干网络站点均是关于医药信息的资源,如果这些网络站点共享同一个底层本体,那么代理服务器就可以理解、提取和集成这些来自不同站点的信息资源,代理软件就能利用这些集成的信息资源来回答用户的问题或向用户提供信息。

(2) 重用专业领域知识。如果许多专业领域的知识模型均需要描述有关时间的概念,而某个研究组织开发出了一个详细的有关时间的通用本体,则其他研究组织就可以在各自的专业领域复用这个时间通用本体,从而降低构建领域本体的开销。除此之外,也可以将若干个已有的本体进行合并形成一个更大的本体。

(3) 本体中的公理使得专业领域内的学术观点和假设变得更加明确。对专业领域的知识进行明确的形式化的说明,有助于新用户更好地理解那些必须理解的专业领域术语的含义。

(4) 将专业领域知识从大量的专业领域信息资源中剥离出来,使得用户可按照相关的规范说明和执行程序实现对领域知识的浏览、检索等,不必借助 IT 专家的指导。

(5) 对专业领域的知识体系结构进行研究和分析。通过对领域本体中知识的内容和结构进行分析,可以了解该专业领域当前的研究热点、未来的研究方向等。

细化的本体的作用包括:提供通识术语、形式化隐性知识、结构化知识、体系化知识、标准化知识等。

2.6 本体学习工具

人工构建本体需要耗费大量的人力和时间,且由于构建人员知识背景和结构的原因,可能会使得构建的本体具有偏差和不一致性。在当前这样拥有大量甚至海量信息资源的环境下,人工构建本体较为困难。于是,研究人员考虑借助计算机科学和信息科学领域的方法和技术,自动或半自动地从给定的信息资源中提取概念以及概念间关系,从而为领域知识建模,这就是本体学习(ontology learning)。

"ontology learning"这一表达最初是由 AIFB(Institute of Applied Informatics and Formal Description Methods)研究所的 Alexander Maedche 于 2002 年在其专著 *Ontology Learning for the Semantic Web* 中提出来的[1]。

国外本体学习研究领域的学者们已开发出了一些本体学习工具,国内学者也尝

---

[1] Maedche A. Ontology learning for the semantic web[M]. Norwell: Kluwer Academic Publishers, 2002: 15-17.

试着构建了若干个本体学习系统。例如，Hasti、Text-To-Onto、OntoLearn、Onto-Builder、WOLFIE、ASIUM、Mo′k Workbench、DODDLE、OntoLiFT、Adaptiva、SOAT、DOGMA、GOLF、OntoSphere 等。虽然这些学习工具的系统框架在具体细节上不尽相同，但基本都遵循如图 2-2 所示的处理流程和主要功能模块[1]。

具有代表性的本体学习工具包括 Hasti、OntoLearn、Text-To-Onto、Onto-Builder、OntoLiFT 和 GOLF。

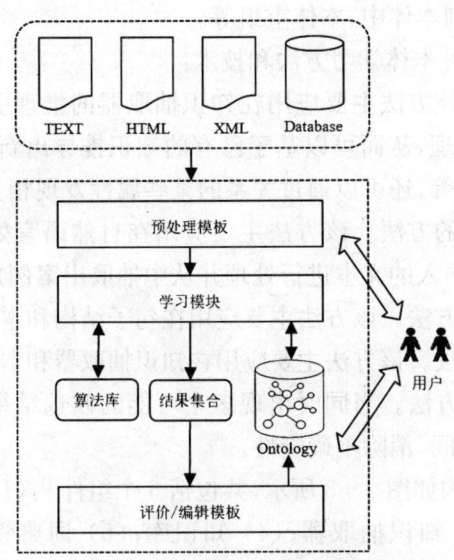

图 2-2 本体学习工具的基本框架[2]

2.6.1 Hasti

Hasti 是伊朗德黑兰阿米尔卡比尔理工大学（Amir Kabir University of Technology）的 Shamsfard 等人在 2004 年研究开发的一个本体学习工具，是为数不多的能进行本体公理学习的系统[3]。Hasti 是一个用于实现和测试自动本体构建方法的项目，从波斯语文本中抽取概念等本体知识，工具输入的是波斯语文本，而输出的是可扩展的词典和本体。

Hasti 进行本体学习的基本想法是[4]从初始的一个较小的核心本体出发，基

---

[1] 李景. 领域本体的构建方法和应用研究[M]. 北京：中国农业科学院农业信息研究所, 2009.
[2] 杜小勇, 李曼, 王珊. 本体学习研究综述[J]. 软件学报, 2006, 17(9): 1837—1847.
[3] 张囡囡, 李冠宇, 曲丽宁. 主要本体学习工具的比较分析[J]. 微计算机信息, 2008, 24(4—3): 182, 189—190.
[4] 王昊, 刘建华, 苏新宁, 等. 面向语义网的本体学习技术和系统研究[J]. 现代图书情报技术, 2009, (1)64—72.

于文本理解自动地从纯文本中获取新的概念、关系和公理,不断扩充核心本体,形成最终的本体。这里的初始核心本体包含少量手工定义的基本概念、概念的分类和非分类关系、推断公理以及操作符等基本元知识。核心本体的作用是便于在本体中对新获取的概念、概念间关系以及公理进行预定位。

在 Hasti 中,输入的文本要转化为词典和本体,需要经过一系列的数据处理,例如:形态学分析、语法分析、提取新单词特征、建立句子结构、提取概念和关系、将初始概念增加到本体中、本体重组等。

Hasti 融合了多种本体学习方法和技术:

(1) 逻辑方法。该方法主要应用在知识抽取器的推理引擎中,用来在知识库上执行一些逻辑推理,从而可以基于已有的知识推导出新的知识——概念之间的新关系或新定理等,还可以通过关系的某些属性发现相关的概念。

(2) 基于语言学的方法。该方法主要应用在自然语言处理器中,用来执行语素的构造分析,对输入的文本进行处理并从中抽取出案例角色。

(3) 基于模板的方法。该方法主要应用在句子结构和本体元素生成器中。

(4) 语义分析方法。该方法主要应用在知识抽取器和本体管理器中。

(5) 启发式学习方法。当同时出现多个可能的候选结果时,利用一些启发式规则来减少假设空间,消除不确定性。

Hasti 的体系结构如图 2-3 所示,共包括 6 个组件[①]:(1) 自然语言处理器;(2) 工作存储器;(3) 知识抽取器;(4) 知识库;(5) 词典管理器;(6) 本体管理器。

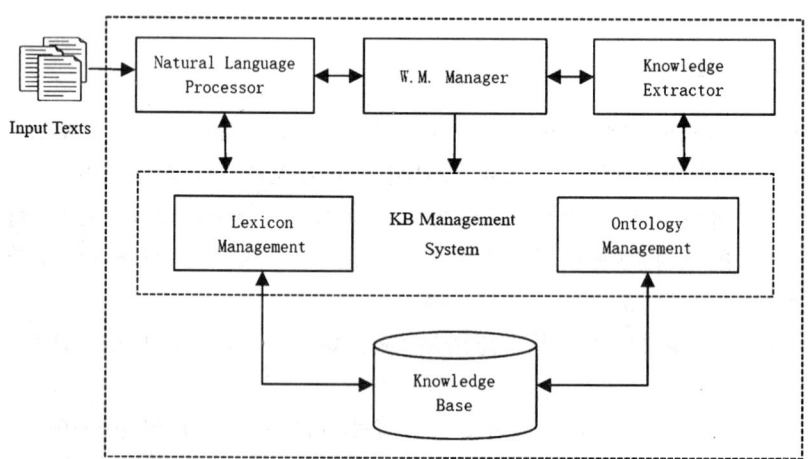

图 2-3 本体学习工具 Hasti 的体系结构

---

① Shamsfard M, Barforoush A A. Learning ontologies from natural language texts[J]. Int's Journal Human-computer Studies, 2004, 60(1): 17-63.

Hasti 的工作过程如下①：

(1) 通过自然语言处理器对输入文本进行语素构造分析，抽取案例角色，并将获得的术语和概念存储在工作存储器和词典管理器中。

(2) 通过知识抽取器抽取概念间的关系，并将获得的新知识存储在工作存储器和本体管理器中。

(3) 将工作存储器中的概念和概念间关系等知识转入知识管理系统中。

(4) 在本体管理器中放置本体元素，根据语义分析和聚类方法重新组织并细化本体。

2.6.2　OntoLearn

OntoLearn 是意大利罗马大学（University of Rome）的 Missikoff 等人在 2002 年研究开发的一个针对非结构化文本的本体学习工具，该工具的主要特点是在本体自动构建中引入了语义解释的方法，并用到了自然语言分析和机器学习的方法和技术②。OntoLearn 的体系结构如图 2-4 所示③，本体学习的过程可分为三个部分④：

(1) 从专业领域文本集中抽取领域专业术语，使用自然语言处理技术和统计分析技术对它们进行筛选，并通过在不同领域和不同文本集中的对比分析来鉴定主要的领域术语。

(2) 使用 WordNet 和 SemCor 语料库中具有明确定义的概念对抽取到的术语进行语义解释，然后根据分类学和语义关系将相关的概念构建成一个领域概念森林。

(3) 使用 WordNet 和诱导的学习方法提取概念间的分类关系和其他语义关系，生成领域本体森林，并使用 Symonto 执行本体匹配，将生成的领域本体整合到现有的上层本体中。

OntoLearn 在本体获取过程中基于 WordNet 对术语进行了语义解释，从而确定术语的分类关系和其他语义关系。WordNet 虽然并不提供语义网的本体标准，但它是使用最广泛的、通用的在线词汇数据库和英语词汇资源领域的标准，因此某个领域本体和 WordNet 之间的明确关系可以用于支持不同领域本体

---

① 王昊，刘建华，苏新宁，等. 面向语义网的本体学习技术和系统研究[J]. 现代图书情报技术，2009，(1)：64-72.

② 李景. 领域本体的构建方法和应用研究[M]. 北京：中国农业科学院农业信息研究所，2009.

③ Missikoff M, Navigli R, Velardi P. Integrated approach for web ontology learning and engineering[J]. IEEE ComPuter, 2002, 35(11)：60-63.

④ 王昊，刘建华，苏新宁，等. 面向语义网的本体学习技术和系统研究[J]. 现代图书情报技术，2009，(1)：64—72.

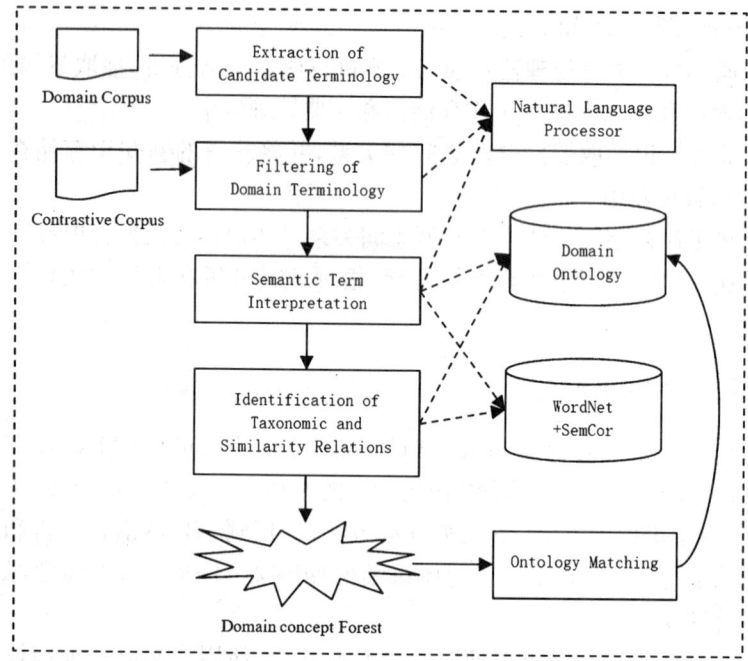

图 2-4 本体学习工具 OntoLearn 的体系结构

之间的互操作性和一致性①②。

Missikoff 等人以 OntoLearn 本体学习工具为基础,研究开发了一个软件环境,能够建立和评估领域本体,从而支持虚拟用户社区的智能信息集成。除此之外,他们在两个欧洲项目中对 OntoLearn 进行了测试,以 OntoLearn 为语义交互平台作用于小中规模的旅游企业③。

2.6.3 Text-To-Onto

Text-To-Onto 是德国卡尔斯鲁厄大学(University of Karlsruhe)AIFB(Institute of Applied Informatics and Formal Description Methods)研究所的 Alexander Maedche 等人在 2001 年研究开发的一个本体学习工具④。他们随后对该工具进行不断改进,实现了多种本体学习算法。在 2005 年,他们又对 Text-

---

① Navigli R, Velardi P, Gangemi A. Ontology learning and its application to automated terminology translation[J]. IEEE Intelligent Systems, 2003, 18(1): 22-31.

② Roberto N, Paola V. Learning domain ontologies from document warehouses and dedicated websices [J]. Computational Linguistics, 2004, 30(2): 151-179.

③ 张囡囡,李冠宇,曲丽宁. 主要本体学习工具的比较分析[J]. 微计算机信息,2008,24(4—3):182,189—190.

④ 孔敬. 本体学习:原理、方法与相关进展[J]. 情报学报,2006,25(6):657—665.

To-Onto 进行了重新设计开发,命名为 Text2Onto。新的系统具有以下两方面的改进:(1) 将本体的形式化描述从单一的 RDFS 扩充为 RDFS、OWL 等多种常用的本体表示语言;(2) 采用数据驱动的数据变化发现方法,仅处理变化的数据集,对这部分重新进行本体学习,从而避免了从头对整个语料集进行处理。

Text-To-Onto 支持从英文和德文的多种非结构化数据源(纯文本)和半结构化数据源(HTML、XML、词典等)中获取概念以及概念间的关系,并能对本体进行裁剪、分类构建、扩展和比较等。在本体获取过程中,利用了加权词频统计、层次聚类、关联规则挖掘、基于模板的学习等方法和技术[①]。

Text-To-Onto 的基本想法是[②](1) 收集与目标本体相关联的专业领域文档;(2) 通过语言分析方法和技术标识这些文档;(3) 从被标识的文档集中抽取术语形成术语集合;(4) 使用机器学习等方法和技术确定这些术语之间的关系;(5) 在一个正式的本体中利用描述语言将确定的术语以及术语间的关系用类和属性表示出来。

Text2Onto 的体系结构主要包含以下 4 个组成部分[③]:

(1) 本体管理组件。该组件的主要功能是选择来源数据和合适的资源处理方法和算法,本体工程师可以使用该组件手工处理本体。

(2) 资源处理组件。该组件的主要功能是选择不同的处理策略发现、导入、分析和转换输入的各种类型的数据,以生成一系列的预处理数据,作为算法库组件的输入。

(3) 算法库组件。该组件的主要功能是提供聚类挖掘、关联规则挖掘、形式概念分析等算法和技术从不同类型的数据源中抽取本体元素。该组件融合多种算法和技术,进行多策略学习和结果合并,最终以规范化的统一结构输出本体结果。

(4) 协调组件。该组件的主要功能是协调和控制各个本体学习组件之间的交互、资源处理和算法库使用。

Text2Onto 的核心是使用平衡协作模式的范例(balanced cooperative modeling paradigm)来支持知识工程,有利于本体知识发现。

2.6.4 OntoBuilder

OntoBuilder 是美国密西西比州立大学(Mississippi State University)研究

---

① 王昊,刘建华,苏新宁,等. 面向语义网的本体学习技术和系统研究[J]. 现代图书情报技术,2009(1):64—72.

② Maedche A. Ontology Learning for the Semantic Web [M]. Boston:Kluwer Academie Publishers, 2002:151-170.

③ Maedche A, Staab S. Ontology learning for the Semantic Web[J]. Intelligent Systems IEEE, 2001, 16(2):72-79.

开发的一个基于半结构化数据源（XML 文档、HTML 文档等）完全自动化获取本体概念以及概念间关系的本体学习工具[1]。

OntoBuilder 的基本想法是[2]（1）手工构建一个初始的领域本体；（2）在用户浏览包含这一领域信息网站的过程中，OntoBuilder 为每个网站生成一个候选本体；（3）在用户的参与下，将生成的这些候选本体与初始本体合并，从而形成最终的领域本体。

OntoBuilder 的体系结构主要包括以下 3 个模块：

（1）使用者交互模块。该模块的主要功能是与系统交互，使用者访问一系列感兴趣的网站并将数据反馈给 OntoBuilder 系统。

（2）观测模块。该模块的主要功能是收集使用者交互模块的信息提供给本体模型模块。在该模块中，使用了词频统计和模式匹配方法。

（3）本体模型模块。该模块的主要功能是创建目标本体或将一个候选本体完善成目标本体。

OntoBuilder 中涉及的本体学习方法主要有词频统计和模式匹配（包括子串匹配、内容匹配、词典匹配等）。OntoBuilder 支持英文网页，但不支持带有脚本的英文网页。

OntoBuilder 系统具备使用者的编辑词典，当本体被构建后，该词典将随着信息的变化自动更新。OntoBuilder 提供了一个较容易创建本体的环境，例如，方便使用者的交互界面。它的最大优点是在解析过程中表现的自动性，语义的异构（同义字、设计者的错误等）能突出显示，而且在确定正确的映射情况下能选择最佳结构。

2.6.5 OntoLiFT

OntoLiFT 是德国卡尔斯鲁厄大学 AIFB 研究所开发一个本体学习工具[3]。该工具采用基于规则映射的方法从 XML Schema 或 DTDs 等半结构化数据源和结构化关系数据库中获取本体概念以及概念间的关系[4]。

（1）从 XML Schema 或 DTDs 中提取本体。OntoLiFT 系统提供了一个中介工具 DTD2XS，能实现从 DTDs 到 XML Schema 的映射。另一个在

---

[1] 王昊,刘建华,苏新宁,等. 面向语义网的本体学习技术和系统研究[J]. 现代图书情报技术，2009(1): 64—72.

[2] Gal A, Modica G, Jamil H M, et al. Automatic ontology matching using application semantics [J]. AI Magazine, 2005, 26(1): 21-31.

[3] 李景. 领域本体的构建方法和应用研究[M]. 北京：中国农业科学院农业信息研究所，2009.

[4] 王昊,刘建华,苏新宁,等. 面向语义网的本体学习技术和系统研究[J]. 现代图书情报技术，2009(1): 64—72.

EU-funded Harmonise 工程中已有的开发工具 HMarfra,可以实现 XML Schema 到本体的映射。因此,综合这两个工具可以将 XML Schema 或 DTDs 转化为 RDFS 本体。

(2) 从关系数据库中提取本体。该功能的实现需要借助 JavaJDBC 标准提供的接口,按照一定的命名规范将数据库中的表名和属性名等信息按照预先设定的映射规则转换为本体元素,从而实现关系数据库到本体的转化。

2.6.6 GOLF

GOLF 是浙江大学刘柏嵩博士研究开发的一个本体学习工具,它的前身是 TextToOnto。该工具是一个基于分层循环技术的通用的多策略的本体学习系统。

GOLF 的基本想法是针对网络中的 HTML 文档、XML 文档等半结构化数据,采用"术语→概念和实例→概念分类层次体系→概念非分类语义关系"的分层学习技术路线,运用层次聚类、关联规则分析、模式匹配等方法和技术自动构建领域本体[1]。

GOLF 的体系结构如图 2-5 所示,主要包括以下 7 个部分:文档和语料库预处理、抽取候选概念、术语选择、语义关系抽取、分类体系构建、本体构建和本体评价。该工具的主要目标是从网络文档中自动获取领域术语以及术语间的关系,采用机器学习方法来确定术语对之间的语义关系,在此基础上构建领域本体。

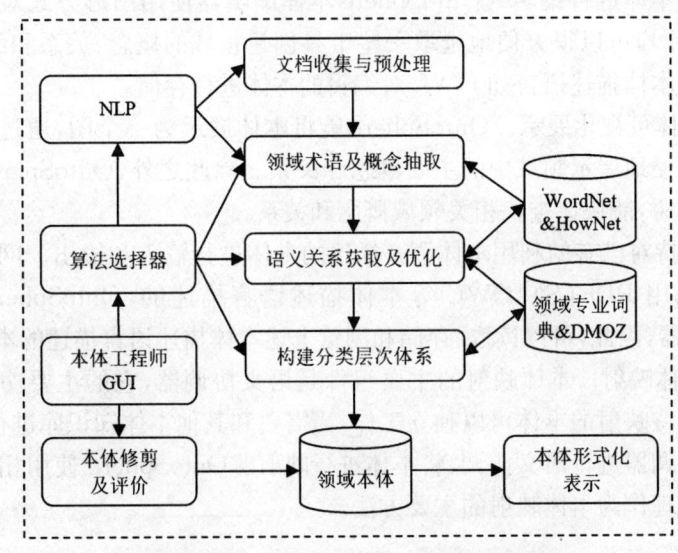

图 2-5 GOLF 本体学习工具的系统结构

---

[1] 刘柏嵩. 一种基于 Web 的通用本体学习框架[J]. 计算机工程,2008,34(8):229—231.

2.6.7 OntoSphere

OntoSphere 是由中国科学院计算技术研究所程勇等开发的一个本体工程环境。该工具的主要目的是提供一个辅助本体编辑的环境,采用半自动本体获取方法和技术协助本体工程师构建领域本体。

OntoSphere 的主要功能有以下几个方面[①]:

(1) 浅层文本处理。主要包括获取网络文本,抽取网络文本信息、中文分词、停用词消除、关键短语识别、词性标注等。OntoSphere 是一个面向本体的网络文本获取工具,它可以作为一个独立的模块运行,主要负责从网络上获取与本体建模领域相关的文档集合,再通过信息抽取获得本体学习的语料。OntoSphere 采用双向匹配法对语料进行中文分词,停用词则是预先人为给定的,使用统计方法识别关键短语,最后将网络文本表示为词汇×文档矩阵,并存储在数据库中。

(2) 本体学习模块。OntoSphere 支持针对不同数据源进行本体学习,例如非结构化的文本、半结构化数据(HTML 文档、XML 文档等)以及结构化的关系数据库。它通过潜在语义索引进行领域概念学习,并基于 HowNet 丰富扩充领域概念。通过聚类挖掘算法学习概念的分类层次关系,并提供 Cluster 接口,以易于扩展新的聚类算法。

(3) 本体编辑功能。OntoSphere 不仅可以浏览领域本体,还可以采用交互方式对领域本体进行编辑。OntoSphere 本体编辑器使用图形方式对领域本体进行编辑,用户可以很方便地选取一些工具创建领域的概念、关系和约束,也可以采用一些本体描述语言如 OWL 对编辑的本体进行存储。

(4) 本体可视化展示。OntoSphere 能将本体展示为一个图,通过这种方式可以非常方便地展示领域中的主要概念和关系。除此之外,OntoSphere 还提供了本体导航树,能快速查找相关领域概念和关系。

(5) 支持对已有的利用本体语言描述的本体进行输入和输出。网络上的本体大多是采用 RDF(S)、OWL 等本体描述语言描述的,OntoSphere 提供了 OWL 解析器,因此,可以读取、存储和浏览上述本体描述语言描述的本体。

(6) 本体映射。本体映射的主要组件是语义协调器,它的主要功能是消解语义冲突。待映射的本体可以独立工作,当需要和其他本体知识库进行交互时,通过语义协调器进行语义协调,将本体进行映射。OntoSphere 使用相似度计算和贝叶斯推理作为本体映射的主要方法。

---

① 程勇. 基于本体的不确定性知识管理研究[D]. 北京:中国科学院计算技术研究所,2005.

2.6.8 各本体学习工具比较分析

不同的本体学习工具由于各自开发背景、开发目的和开发需求的不同,在支持的数据格式、支持的语言种类、采用的学习方法和生成的本体元素等方面不尽相同。对已有的本体学习工具进行考察和分析,发现它们具有以下这些特征[1][2]:

(1) 所有本体学习工具都支持从非结构化数据源(文本)或半结构化数据源(HTML 文档、XML 文档等)中获取本体,还有的工具支持从结构化数据源(关系数据库)中获取本体,其中,OntoSphere 支持从所有格式数据源中获取本体。

(2) 在本体学习过程中,大多综合运用了数理统计、数据挖掘、机器学习等方面的方法和技术,例如:统计分析、聚类分析、关联规则分析、模板匹配、潜在语义索引、语言学分析、自然语言处理、规则映射等。

(3) 大多数本体学习工具仅支持对本体元素中的概念和概念间关系的获取,目前只有 Hasti 支持对公理的获取,但还存在较大缺陷,且只针对语法比较特殊的波斯语。因此,对本体元素中公理的获取还有待进一步更深入的研究。

(4) 大多数本体学习工具支持从西文中获取本体,而基于中文获取本体的工具较少,中文本体学习工具匮乏。从非结构化数据源中获取本体需要用到自然语言处理技术,自然语言处理的结果直接影响本体构建的成功率和可靠性。因此,本体学习工具一般具有很强的语言特征。中文语法的复杂性和中文自然语言处理技术的不成熟,使得当前中文本体学习工具还停留在实验室阶段。

表 2-5 对不同的本体学习工具的特征进行了描述。

表 2-5 不同本体学习工具的特征

本体学习工具	支持的数据格式	采用的学习方法	生成的本体元素	支持的语言种类	开发单位
Hasti	文本	语言学分析、启发式规则、层次聚类、模板匹配	概念、关系和公理	波斯语	伊朗德黑兰阿米尔卡比尔理工大学(Amir Kabir University of Technology)
OntoLearn	文本	语言学分析、词频统计、语义解释	概念、关系	英语	意大利罗马大学(University of Rome)

---

[1] 程勇. 基于本体的不确定性知识管理研究[D]. 北京:中国科学院计算技术研究所,2005.
[2] 王昊,刘建华,苏新宁,等. 面向语义网的本体学习技术和系统研究[J]. 现代图书情报技术,2009(1):64—72.

续 表

本体学习工具	支持的数据格式	采用的学习方法	生成的本体元素	支持的语言种类	开发单位
Text-To-Onto	文本、HTML和XML文档、词典	词频统计、层次聚类、关联规则分析、模板匹配	概念、关系	英语、德语	德国卡尔斯鲁厄大学(University of Karlsruhe) AIFB研究所
OntoBuiler	HTML和XML文档	词频统计、模板匹配	概念、关系	英语	美国密西西比州立大学(Mississippi State University)
OntoLiFT	HTML和XML文档、关系数据库	规则映射	概念、关系	英语	德国卡尔斯鲁厄大学(University of Karlsruhe) AIFB研究所
GOLF	文本、HTML和XML文档	语言学分析、聚类分析、关联分析、自然语言处理	概念、关系	汉语、英语	浙江大学(Zhejiang University)
OntoSphere	文本、HTML和XML文档、关系数据库	潜在语义索引、聚类分析、关联分析、统计分析	概念、关系	汉语、英语	中国科学院计算技术研究所(Institute of Computing Technology, Chinese Academy of Science)

2.7 本体与叙词表的对比分析

知识本体被认作一种新的知识描述和组织方式,因其是构建语义网的关键技术,现在已有越来越多的学者对其进行研究。而要构建知识本体,必须首先知道知识本体是什么,它的内容和结构如何。与已有的叙词表即主题词表相比,它是怎样进行知识描述和组织的呢?它与叙词表又有怎样的关系呢?

曾有老师和同学提出了这样的问题:"领域主题词表已包含了该领域的术语以及术语间的关系,为什么还要建立领域知识本体呢?领域知识本体不也是描述领域术语以及术语间的关系吗?"为此,笔者认为有必要对主题词表和知识本体这两个概念进行对比分析,以期更好地了解和掌握它们。

2.7.1 术语与概念

在讨论知识本体及叙词表的时候,不得不提到的两个词语是"术语"和"概念"。根据国际标准化组织ISO对术语的定义(ISO 1087-1:2000),"术语"指的是某个特定领域的专门词语①。不同领域都有各自的"术语","术语"可以是词,也可以是词组。

"概念"是人类思维的重要组成部分,是反映事物特有属性的思维单元,具有抽象性,它是去掉了事物的偶有属性之后形成的抽象表现②。因此,"概念"具有特有属性,这些属性即"概念"的抽象表现。而抽象的"概念"必须经由具体的"术语"表达出来,这样我们才能把人类的认识成果用语言固定下来,从而进行传播。所以,"术语"是"概念"外在的语言表达。此外,同一个"概念"在不同语种甚至同一语种中的"术语"也会有不同的表达,"术语"是具有语言依赖性的。

下面举例说明"术语"和"概念"的关系。有一个事物具有下列特有属性:(1) 具有机翼;(2) 有一具或多具发动机;(3) 能靠自身动力在太空或大气中飞行;(4) 密度大于空气。那么我们可以用"飞机"这一术语来表达上述概念,而在英语中,则用"plane"来表达上述概念。

了解"术语"与"概念"的联系和区别有助于我们更好地对本体和主题词表进行比较分析,因为"术语"和"概念"均是它们的基本组成部分。

2.7.2 叙词表的概念和应用

叙词表产生于 20 世纪 50 年代,它的主要作用是对文献进行标引和检索。

在 ISO 标准中,叙词表被定义成一个可控的结构化词表,用术语来表达概念,并且这些术语被组织起来从而使得概念间的关系明确化,在列出表达概念的首选术语的同时,会给出该术语的同义词和准同义词③。需要说明的是,虽然国际标准化组织 ISO 对叙词表有这样一个标准化的定义,但不同文化和语种并没有简单地完全照搬此标准,而是做了相应的修改,有各自的叙词表编制国家标准。我国叙词表编制标准由全国信息与文献标准化技术委员会制定,具体包括两个标准:(1) GB13190—91《汉语叙词表编制规则》,颁布于 1991 年;(2) GB/T15417—94《多语种叙词表编制规则》,颁布于 1994 年④。

实际上,我国叙词表的研究和编制工作始于 20 世纪 70 年代的"748"工程。科学技术文献出版社于 1980 年 6 月公开出版了由中国科学技术情报研究所与北京图书馆主编的《汉语主题词表》(第一版),它是我国第一部大型综合性叙词

---

① Kless D, Milton S, Kazmierczak E. Relationships and relata in ontologies and thesauri: differences and similarities[J]. Applied Ontology, 2012, 7(4): 401-428.

② 冯志伟. 术语学中的概念系统与知识本体[J]. 术语标准化与信息技术, 2006(1): 9—15.

③ Kless D, Milton S, Kazmierczak E. Relationships and relata in ontologies and thesauri: differences and similarities[J]. Applied Ontology, 2012, 7(4): 401-428.

④ 刘华,沈玉兰,曾建勋. 中国、美国和英国叙词表编制国家标准比较研究[J]. 图书情报工作, 2009, 53(22): 72—75.

表,是我国叙词表研究和编制的里程碑式成果。此后由于专业领域标引、存储和检索的需要,各专业领域的信息组织研究人员参考《汉语主题词表》编制了大量专业领域的主题词表①。

从这些编制的主题词表的结构可以看出我国对于主题词表即叙词表的理解:(1)叙词表是由大量术语组成的一个受控的结构化词表;(2)这些结构反映了术语的上下位关系、术语的相关关系、术语所属的学科分类、同一概念的不同术语表达等。

叙词表的主要应用是在标引时自动或辅助选择索引词以及在检索时进行后控制,从而提高检索的查全率和查准率,实现多语种检索和智慧化检索。在TRS(Text Retrieval System,文本检索系统)中,叙词表作为一种特殊的数据库,其规模能达到一般数据库所能达到的水平。叙词表的应用主要有以下两个方面:

(1)记录录入过程中,工作人员利用主题词进行正确性校验,选择规范化的主题词对资源进行标引,进行上位词的自动录入等。

(2)检索过程中,根据叙词表中词汇间的关系进行交互式的导航检索,选择相关的主题词进行检索,利用主题词典函数或自动扩展功能进行多语种和智能化检索等。

2.7.3　本体与叙词表的对比分析②③④

(1)逻辑表达形式。叙词表采用经由领域专家鉴定后的规范的科学语言来描述领域知识,例如:领域专有名词、领域专有词汇等。而本体采用自然语言或半自然语言来描述领域知识,更接近人们的日常习惯。

(2)组织结构。叙词表中知识的组织是线性的、一维的,而本体中知识的组织是网状的,并且这个网络不单纯是一张平面的网格,而是一个在四维空间中伸缩的网状结构。这四个维度分别为:逻辑表达、属性、子类和实例以及时间。

(3)修正和更新。由于有相关方法、技术和工具的支持,本体中的术语(概念)可以随着学科领域的更新和发展随时进行修正和更新,而叙词表则做不到这一点,叙词表的结构保守单一,不可能经常对其进行修订。用户可以利用本体动态更新的特点找出学科发展的规律。例如,2014年在非洲爆发的"埃博拉"病

---

① 贺德方.《汉语主题词表》的回顾与展望[J]. 情报理论与实践,2010,33(2):1—4.
② 李景,钱平. 叙词表与本体的区别与联系[J]. 中国图书馆学报,2004,30(1):36—39.
③ 孙兵. 知识组织工具的发展趋势浅析——基于分类表、叙词表和知识本体的比较研究[J]. 图书馆学刊,2009(11):86—88.
④ 李金定. 叙词表、元数据与本体之间关系探究[J]. 图书馆学研究,2007(8):61—64.

毒,在相应医学领域本体动态更新前,本体中并没有这个概念,但该病毒爆发后,对它的相关研究大量增加,那么动态更新后的本体中就有了这个概念,因此,可以依据这样的变化来推断领域研究的发展情况,新增的术语(概念)很有可能就是当前研究的热点。

(4) 语义关系。这是叙词表和本体最大的区别。叙词表中只包含"用、代、属、分、参、族"这样简单的语义关系,而本体中术语(概念)间的语义关系更广泛、深入、细致和全面,因此,基于本体的系统可以实现语义检索、半自然语言检索甚至自然语言检索功能。本体中术语(概念)间的关系有:子类关系、实例关系、部分整体关系、互不相关关系、交叉关系等。除此以外,使用者还可以利用本体中的属性(property)来自定义类或实例之间的关系。

(5) 功能。叙词表是一个词汇库而不是知识库,但本体不仅是词汇库,还是一个知识库。基于本体开发的检索系统具有智能查询、回答用户问题、机器翻译和预测知识增长点等功能,这些功能在叙词表中不可能实现。

需要说明的是,外文的一些叙词表更新较快。例如,由美国国家医学图书馆(U.S. National Library of Medicine,NLM,http://www.nlm.nih.gov/)开发和维护的医学主题词表 Mesh(Medical Subject Headings),基本每年都有新版本,可以从该图书馆网站下载。

2.8　本章小结

本章主要阐述了本体的基本概念和相关理论。

(1) 对计算机科学和信息科学领域中本体(ontology)这一概念的历史来源进行了考察;通过对国外学者对于本体的定义以及国内学者对于本体的理解,对本体这一概念进行了深入剖析,论述了本体的含义、特征以及所包含的基本元素。

(2) 对本体的分类进行了探讨,目前最为普遍的分类方法是将本体分为领域本体和通用本体;对本体描述语言需具备的特征进行了论述,并对几个主要本体描述语言(XML、RDF、RDFS 和 OWL)的语法格式和包含内容进行了介绍;对本体的作用进行了阐述。

(3) 对目前存在的一些主要的本体学习工具进行了考察和研究,它们在支持的数据格式、支持的语言种类、学习的本体元素、采用的学习方法等方面均有差异。对此进行了比较分析,并得出了以下结论:① 支持学习公理的本体学习工具很少;② 支持中文本体学习的工具很少。为此,研究人员在未来的研究工作中可以在这两个方面进行更多更深入的工作。

(4) 对叙词表和本体进行了深入的比较分析。探讨了叙词表的概念及其应用,通过对叙词表和本体两者的比较可知,它们在逻辑表达形式、组织结构、修正与更新、语义关系以及功能等方面均存在较大差异。

第3章　学科术语分类关系抽取

学科领域概念的分类关系(层次关系)是学科领域本体的重要组成部分,它将学科术语分类别、按层次进行组织,为学科领域知识的检索、重用以及进一步创新提供条件。甚至有研究认为本体就是具有包含关系的概念之间的一种层次结构[1][2]。因此,研究如何抽取学科领域概念的分类关系意义重大。而术语是概念的外在表达,所以本章从学科术语着手,探讨非人工的、半自动化甚至自动化的学科术语分类关系抽取方法和技术。

目前,常用的抽取术语分类关系的方法有:(1) 基于词典的方法;(2) 基于词汇—句法模式的方法;(3) 基于 Harris 假设的方法;(4) 基于关联规则的方法;(5) 基于语言学的方法[3]。其中,Harris 假设又称为分布假设,最初由 Harris 提出,该假设的具体内容是:如果两个术语的上下文语境相似,那么这两个术语也是相似的[4]。有学者已经对这个假设进行了验证,并证明此假设是有效的。例如,Miller 和 Charles 经过实验发现,人们一般通过对术语上下文语境的比较来确定这些术语的语义相似度[5]。

基于 Harris 假设,可以引入聚类方法来进行术语分类关系的抽取。聚类方法是一种探索性的、无指导的学习方法,通过在语料集中抽取术语的上下文特征来描述术语,进而通过计算术语间的相似度来对术语进行聚类,从而得到术语的分类关系。

---

[1] Gruber T R. A translation approach to portable ontology specifications[J]. Knowledge Acquisition, 1993, 5(2): 199-220.
[2] Rios-Alvarado A B, Lopez-Arevalo I, Sosa-Sosa V J. Learning concept hierarchies from textual resources for ontologies construction[J]. Expert Systems with Applications, 2013, 40(15): 5907-5915.
[3] 温春, 石昭祥, 张霄. 本体概念层次获取方法综述[J]. 计算机应用与软件, 2010, 27(9): 103—107.
[4] Harries Z S. Mathematical structures of language[M]. New York: Wiley, 1968.
[5] Miller G A, Charles W. Contextual correlates of semantic similarity[J]. Language and Cognitive Processes, 1991, 6(1): 1-28.

3.1 方法描述

笔者首先对学科领域中文非结构化文本进行观察、分析和处理,获得学科领域术语集;其次分别用分词和扫描两种方法获得文档与术语的关联关系,构建术语×文档向量空间模型;然后再基于术语×文档向量空间模型,并借助中文分词工具进一步构建优化的术语×词汇向量空间模型;最后利用 BIRCH(Balanced Iterative Reducing and Clustering using Hierarchies)预聚类方法和层次聚类方法基于优化的术语×词汇向量空间模型对学科术语进行聚类挖掘,抽取学科术语分类关系。

学科术语分类关系的抽取方法及流程参见图 3-1。

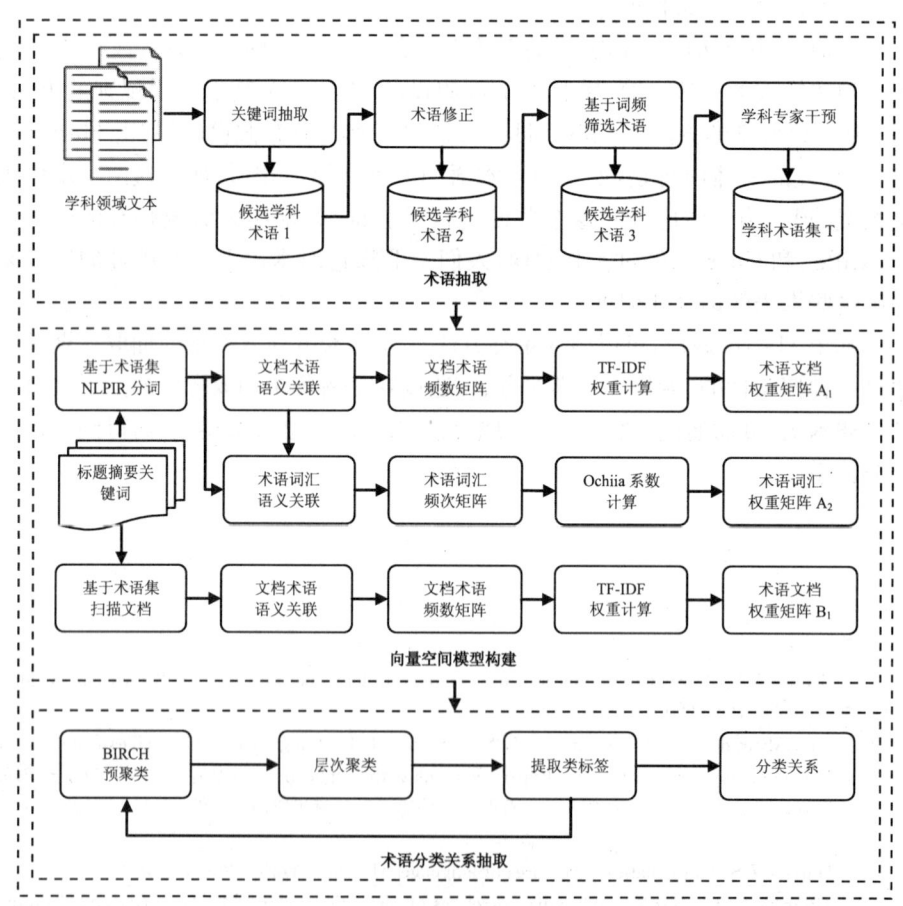

图 3-1 学科术语分类关系抽取方法和流程

3.2　数据基础

以"数字图书馆"为主题词，在 CNKI 中国期刊全文数据库中的核心期刊范围内，检索 1996—2011 年共 15 年期间发表的论文，有 7746 篇，获取这些文献的题名、作者、关键词、单位、摘要、刊名、年、期等数据。笔者选择从 1996 年开始检索，是因为在 1996 年"数字图书馆"始作为一门新兴的研究领域被提出，从此开启了蓬勃发展的进程。

针对这 7746 篇文献，对它们进行观察，发现有些并不是研究型的文献，其中有的是期刊征稿通知，有的是会议征文通知，有的是快讯，等等，这样的文献必须被剔除。除此之外，对于相同作者相同篇名的研究型文献，只保留 1 篇。经过处理后，最终剩下 6446 篇文献，后续分析和实验以此为数据基础。

本书的研究目标是抽取学科领域术语的分类关系和非分类关系，因此，将 6446 篇文献的题名、摘要和关键词抽取出来构成的非结构化文档作为本研究的实验数据。

3.3　术语抽取

学科领域术语的抽取是构建术语分类关系和非分类关系的基础和前提，它直接影响后续学科领域知识本体的质量。随着学科的发展，学科领域术语也在动态变化中，新的术语会不断涌现出来，而有的术语则会慢慢消退。学科研究人员是这一过程的直接参与者和见证者，他们撰写的科研文献记载了学科的动态发展过程，文献中的关键词则是学科研究内容的凝练。因此，从科研文献的关键词中抽取学科领域术语是有理由和依据的，基于此，笔者把上述 6446 篇文献的所有关键词集合在一起形成了候选术语集，共涉及 7230 个关键词。

3.3.1　初步抽取

7230 个候选术语是由各个文献的作者给出，他们并没有统一的标准，事实上也不可能有统一的标准，因为学科一直处于动态变化中，并且作者在给出关键词的时候，完全是依据自己的知识背景结构以及学科当时的研究现状，这些都有可能导致关键词具有较大的随意性、不一致性以及误差性。因此，有必要首先对这些候选术语进行统一规范，以符合同一概念的术语唯一化这一要求。统一规范工作主要包括以下 4 个方面：

(1) 如果英文术语和中文术语表达的是同一个概念,需要统一成同一个术语。例如,"ontology"和"本体","digital library"和"数字图书馆",统一成"ontology"和"数字图书馆"。"本体"作为"ontology"的同义词,"digital library"作为"数字图书馆"的同义词,并进行记录。

(2) 缩写的术语和全写的术语表达的是同一个概念,需要统一成同一个术语。例如,"DC"和"Dublin Core","电子图书"和"电子书",统一成"DC"和"电子图书"。"Dublin Core"则作为"DC"的同义词,"电子书"则作为"电子图书"的同义词,并进行记录。

(3) 不同的术语表达的是同一个概念,需要统一成同一个术语。例如"复合图书馆"、"复合式图书馆"和"复合型图书馆",统一成"复合图书馆",其他的词汇作为同义词,并进行记录。

(4) 英文术语会出现大小写不统一的情况,需要统一成同一个术语。例如,"Ajax"和"AJAX",统一成"Ajax"。"AJAX"作为"Ajax"的同义词,并进行记录。

经过这样的统一规范后,候选术语从原来的 7230 个下降到 7076 个。相应地,对 6446 篇非结构化文档也需要做同样的统一规范工作。

学科领域术语是专业词汇,必须具有一定的学科认可度,因此,笔者采用关键词在所有文档关键词中出现的频数 N_k 作为筛选条件,即若:

$$N_k \geqslant C \qquad (公式3-1)$$

则认为该关键词被学科普遍认可,可作为该学科领域的术语,其中 C 为词频阈值。

针对 6446 篇文献,当 N_k 取不同值时,关键词规模及学科认可度情况如表 3-1 所示。

表 3-1 不同词频下关键词规模及学科认可度

A_1	A_2	A_3	$A_4=A_3/A_2$	A_5	A_6	$A_7=A_6/A_5$
N_k	关键词规模	关键词覆盖的文献数量	关键词学科认可度	累积关键词规模	累积关键词覆盖的文献数量	累积关键词学科认可度
≥10	275	5954	21.65	275	5954	21.65
9	32	254	7.94	307	5981	19.48
8	30	235	7.83	337	6009	17.83
7	64	448	7.00	401	6050	15.09
6	73	438	6.00	474	6098	12.86
5	113	546	4.83	587	6147	10.47
4	188	716	3.81	775	6198	8.00
3	327	912	2.79	1102	6265	5.69

续 表

A_1	A_2	A_3	$A_4=A_3/A_2$	A_5	A_6	$A_7=A_6/A_5$
N_k	关键词规模	关键词覆盖的文献数量	关键词学科认可度	累积关键词规模	累积关键词覆盖的文献数量	累积关键词学科认可度
2	831	1450	1.74	1933	6351	3.29
1	5143	3334	0.65	7076	6446	0.91

在表3-1中,用"关键词覆盖的文献数量"除以"关键词规模"的商作为衡量关键词学科认可度的指标,这样操作的理论依据是:学科认可度高的关键词会更多地被研究者们接受和采纳,它们会更频繁地出现在科研文献中,在科研文献中的覆盖面会更广。因此,表3-1可以作为寻找恰当 C 值的依据。

当 $C=1$ 时,术语规模达到7076,此时规模较大,而且那些 $N_k=1$ 术语的学科认可度低,学科认可度值只有0.65,即在平均意义上,每个术语只出现在0.65篇文献中。

当 $C=2$ 时,术语规模达到1933,此时规模依然较大,那些 $N_k=2$ 术语的学科认可度依然较低,学科认可度值为1.74,即在平均意义上,每个术语只出现在1.74篇文献中。

当 $C=3$ 时,术语规模达到1102,此时规模适中。$N_k=3$ 术语的学科认可度值为2.79,$N_k=4$ 术语的学科认可度值为3.81,$N_k\geqslant 5$ 术语的学科认可度值均大于等于4.83。$N_k\geqslant 3$ 的术语在平均意义上出现在了5.69篇文献中,可以认为它们具有较好的学科认可度。

笔者最终选择 $C=3$,初步获得了1102个术语,表3-2列出了部分术语。

表3-2 初步抽取的术语片段

术语	频数	术语	频数	术语	频数
数字图书馆	3520	网络	136	著作权	90
图书馆	439	个性化服务	120	图书馆学	88
信息服务	241	传统图书馆	115	建设	80
高等院校图书馆	211	知识管理	112	XML	79
信息资源	197	版权	106	信息组织	76
元数据	189	数据库	105	资源建设	74
数字化	163	数字资源	103	信息技术	71
网络环境	152	资源共享	101	信息资源建设	70
复合图书馆	142	Internet	93	馆员	69
知识产权	142	本体	92	对策	63

3.3.2 二次抽取

经过初步抽取获得的 1102 个术语,还不能构成学科领域术语集,在这些术语中,存在下面几种情况:

(1) 地域词汇。例如,"加拿大"、"欧洲"、"香港"。

(2) 时间词汇。例如,"21 世纪"、"新世纪"。

(3) 含地域的词汇。例如,"上海图书馆"、"深圳图书馆"、"宁波市数字图书馆"。

(4) 明显的非"数字图书馆"学科领域的术语。例如,"循证医学"、"药品不良反应"、"过敏性休克"。

这样的词汇显然不能成为"数字图书馆"学科领域的术语,因此,笔者对它们进行了剔除,最终得到了一个包含 911 个术语的术语集 T,后续的研究和分析均在此基础上进行。

为了探寻这些学科领域术语间的分类关系,可以将文档作为描述术语的特征项,构建术语的向量空间模型(Vector Space Model,VSM),基于模型进行聚类挖掘。

3.4 术语×文档向量空间模型构建

向量空间模型是由康奈尔大学的 Salton 等人于 20 世纪 70 年代提出的,他们的出发点是利用若干个词汇来表达一个文档集合中的每个文档,可以依据术语的重要性对术语进行权重计算[①]。假设用 t 个术语来表达文档集合 D 中的每个文档 D_i,则 D_i 可以这样来表示:

$$D_i = (d_{i1}, d_{i2}, \cdots, d_{it})$$
(公式 3-2)

其中,d_{ij} 表示第 $j(j=1,2,\cdots\cdots,t)$ 个术语在文档 D_i 中的权重。

当某两个文档 D_i,D_j 都被表示成这样的向量后,它们之间的相似系数 $S(D_i,D_j)$ 很容易就能通过向量计算得到,这个相似系数反映了在相应的术语及其权重下这两个文档的相似度。通常采用的向量计算函数是向量夹角的反函数,即向量间的夹角越小,相似系数越大。如果两个向量的取值完全相同,则它们间的夹角为 0 度,此时具有最大的相似性。最常采用的计算相似系数的方法是计算向量间的余弦系数,如下式所示:

---

① Salton G, Wong A, Yang C S. A vector space model for automatic indexing[J]. Communications of the Acm, 1975, 18(11): 613-620.

第3章 学科术语分类关系抽取

$$S(D_i, D_j) = \frac{\sum_{k=1}^{t} d_{ik} \cdot d_{jk}}{\sqrt{\sum_{k=1}^{t}(d_{ik})^2 \cdot \sum_{k=1}^{t}(d_{jk})^2}} \qquad (公式3-3)$$

公式3-3计算了文档D_i和D_j的余弦系数,可以作为它们相似性的度量,其中t为术语的总数目,d_{ik}为文档D_i第k个维度的取值,d_{jk}为文档D_j第k个维度的取值。

除了余弦系数以外,向量间的距离也可以用来反映向量间的相似度,距离越小,相似度越大,反之亦然。

对于中文非结构化文档,为了得到文档的术语表达,首先必须采用相关的方法和工具对文档进行分词。

3.4.1 非结构化文本 NLPIR 分词

NLPIR汉语分词系统是由张华平博士研究开发的中文分词工具,它的前身是ICTCLAS汉语分词系统,从2013版开始,又名NLPIR汉语分词系统。该分词系统的主要功能包括:

(1) 中文分词、词性标注、命名实体识别、用户词典功能;
(2) 支持GBK编码、UTF8编码、BIG5编码;
(3) 微博分词、新词发现以及关键词提取。

NLPIR汉语分词系统采用层叠隐马尔科夫模型基于词典进行分词,分词速度和精度都较高,是目前最好的中文分词工具之一[①]。

表3-3展示了NLPIR以学科术语集为用户词典对一段由标题、摘要和关键词构成的非结构化文本进行分词的结果。

表3-3 NLPIR分词示例

分词前	高等院校数字图书馆个性化服务的SWOT分析及发展策略个性化服务是数字图书馆发展的必然趋势。本文利用SWOT分析法,具体分析了目前高等院校数字图书馆个性化服务的优势、劣势、机遇和威胁,并在此基础上提出了高等院校数字图书馆应该采取的发展策略。个性化服务高等院校数字图书馆SWOT分析
分词后	高等院校数字图书馆/n 个性化服务/n 的/ude1 SWOT 分析/n 及/cc 发展策略/n 个性化服务/n 是/vshi 数字图书馆/n 发展/n 的/ude1 必然/b 趋势/n。/wj 本文/r 利用/n SWOT 分析/n 法/n,/wd 具体/ad 分析/n 了/ule 目前/t 高等院校数字图书馆/n 个性化服务/n 的/ude1 优势/n、/wn 劣势/n、/wn 机遇/n 和/cc 威胁/vn,/wd 并/cc 在/p 此/rzs 基础/n 上/f 提出/v 了/ule 高等院校数字图书馆/n 应该/v 采取/v 的/ude1 发展策略/n。/wj 个性化服务/n 高等院校数字图书馆/n SWOT 分析/n

---

① 关于NLPIR [EB/OL]. http://ictclas.nlpir.org/docs, 2014-6-3.

从表 3-3 的分词结果可以看出，NLPIR 能够较好地对中文进行词的切分，并且可以给出切分词的词性。

3.4.2 术语×文档频数矩阵

对 6446 个"数字图书馆"学科领域由标题、摘要和关键词构成的非结构化文档基于学科术语集 T 进行 NLPIR 分词，最终获得了 97747 个文档术语关联关系，这些关联关系共涉及 6442 个文档，它们形成了非结构化文档集合 D。因为一篇文档经过分词后，同一术语在此文档中可能出现多次，所以这 97747 个关联关系是有重复的，在进行重复统计后，可以得到文档中各术语出现的频数，同时也获知了不同的文档术语关联关系共有 50227 个，经计算平均每篇文档与 8 个左右的术语产生关联。表 3-4 列出了文档术语的部分关联关系。

表 3-4 文档术语关联关系片段

文档编号	术语	关联频数	文档编号	术语	关联频数	文档编号	术语	关联频数
4195	馆员	22	1811	资源	13	4229	数据	12
1498	存储	17	2594	DC	13	5651	标准	12
337	图书馆联盟	16	3265	项目	13	5984	网络信息资源	12
1060	管理	16	5703	开发	13	107	本体	11
1319	本体	16	484	阅读	12	111	泛在图书馆	11
1388	检索	16	1145	阅读	12	121	数据库	11
806	存储	14	1789	知识网格	12	292	开放获取	11
3246	数字图书馆	14	2088	信息	12	305	存储	11
388	评估	13	2594	元数据	12	421	云计算	11
682	网络	13	3015	元数据	12	760	知识	11

基于以上这些数据，构建了 6442 行×911 列的文档×术语频数矩阵 DTM_f，表 3-5 是从 DTM_f 中抽取出的数据片段。将 DTM_f 进行行列转置便得到术语×文档频数矩阵 TDM_f。

表 3-5 基于分词构建的文档×术语频数矩阵 DTM_f 数据片段

文档编号\术语	数字图书馆	图书馆	建设	信息抽取	文化建设	图书馆法	语义互操作	主题图	乡镇图书馆	自然语言处理
198	1		1					1		
221								2		

续 表

文档编号\术语	数字图书馆	图书馆	建设	信息抽取	文化建设	图书馆法	语义互操作	主题图	乡镇图书馆	自然语言处理
336	6						5	1		
492	5		1					5		
1644			1					1		
1701	2							4		
3057	3			5						1
3103	1									1
4269	1									1
4506			2						1	
5365		5				1			1	

3.4.3 术语×文档权重矩阵

一般认为:(1) 如果一个术语在一个文档中出现的频数较高,那这个术语对于这个文档的重要性较高;(2) 如果一个术语在文档集中的大多数文档中都出现,那么这个术语区别文档的能力较低,则它的重要性较低。

因此,在考虑术语重要性的时候,必须结合这两个方面来考虑,而文档×术语频数矩阵 DTM_f 仅考虑了上述第(1)个方面。

表 3-6 列出了术语在文档集 D 分词结果中出现的频数以及它们各自覆盖的文档数。

表 3-6 术语在文档集 D 分词结果中出现的频数以及覆盖的文档数

术语	频数	术语覆盖的文档数	术语	频数	术语覆盖的文档数
数字图书馆	11680	4119	XML 数据库	4	3
图书馆	4390	2036	网络病毒	4	3
技术	2578	1482	文本挖掘	4	3
建设	2472	1415	物联网	4	3
服务	2044	1114	乡镇图书馆	4	4
系统	1701	933	GIS 应用	3	3
信息	1682	960	大学课程设置	3	3
网络	1265	719	协同计算	3	3

续 表

术语	频数	术语覆盖的文档数	术语	频数	术语覆盖的文档数
管理	1226	690	信息学专业教育	3	3
资源	1158	697	自然语言处理	3	3
……	……	……	……	……	……

观察表 3-6 中的数据,可以看到,"数字图书馆"、"图书馆"、"技术"、"建设"、"服务"、"系统"等术语出现的频数较高,分别达到了 11680、4390、2578、2472、2044 和 1701,并且这些术语覆盖的文档数也较多。在所有 6442 个文档中,4119 个文档中出现了"数字图书馆",2036 个文档中出现了"图书馆",1482 个文档中出现了"技术",1415 个文档中出现了"建设",1114 个文档中出现了"服务",933 个文档中出现了"系统"。而显而易见的是,这些术语对于"数字图书馆"这一学科领域来说实际意义不大。相反,"自然语言处理"、"协同计算"、"XML 数据库"、"乡镇图书馆"、"物联网"、"文本挖掘"等术语虽然出现的频数较低,对于"数字图书馆"这一学科领域来说却更有意义,它们有的可能是"数字图书馆"学科领域研究的新方向,有的可能是"数字图书馆"学科领域的新技术,这样的术语区别文档的能力强,应该具有更高的权重。

为了确定术语对于文档集的重要性程度,笔者引入了 TF-IDF 特征项权重计算方法。

TF-IDF(Term Frequency-Inverse Document Frequency)是一种用于文档检索的加权技术。IDF 最初是由剑桥大学计算机实验室的 Karen Sparck Johns 于 1972 年提出。Johns 认为:在一个文档集中,反映某一文档特征的特征项可以依据它在这个文档集中出现的频数给出相应的权重,那些只在少数文档中出现的较特殊的特征项,相比那些在多篇文档中出现的特征项,它的权重应该更高[1]。

我们可以从信息论的角度来解释 Karen Sparck Johns 的想法。信息论之父 C. E. Shannon 认为,任何信息都存在冗余,冗余的大小与信息中每个符号(数字、字母或单词)的出现概率或者说不确定性有关。他借鉴了热力学的概念,把信息中排除了冗余后的平均信息量称为"信息熵"[2]。

信息熵是信息量的测度指标,可以这样通俗地来理解"信息熵":一组数据

---

[1] Jones K S. A statistical interpretation of term specificity and its application to retrieval[J]. Journal of Documentation, 1972, 28(1): 11-20.

[2] Shannon C E. A mathematical theory of communication[J]. Bell System Technical Journal, 1948, 27(4): 379-423.

中,如果数据的取值差异较大(此时可能是这样的情况:大多数符号出现的概率并不高,它们取值的不确定性较大),那么这组数据包含的信息量较大,相应的信息熵较大。

考虑一种极限情况,如果一组数据均取同样的值,那么,一个符号以概率1出现了,这组数据没有任何不确定性,此时,这组数据的信息熵为0。实际上我们都知道这样的数据是没有意义的,因为它不包含任何有用的信息。

回到Karen Sparck Johns的IDF,在文档×术语这个信息空间中,术语在所有文档中出现的频率越高,则它会让信息空间包含的信息量越少,相应信息熵就越小;如果术语的出现较为集中,只在少量文档中有较高的出现频率,则这样的术语使得信息空间的信息量增大,相应信息熵越大[1]。因此,前种情况下的术语应该获得较低的权重,而后种情况下的术语应该获得较高的权重。

康奈尔大学的G.Salton等随后提出了TF-IDF算法[2]:一个词项在某个文档中出现的频数越高,说明它在区分该文档内容属性方面的能力越强,可以用TF来测度;一个词项在文档集中出现的范围越广,说明它区分文档内容属性方面的能力越低,可以用IDF来测度。G.Salton经过多次研究论证,证明了TF-IDF算法的有效性。现在信息检索领域广泛使用TF-IDF算法来计算词项的权重,其经典计算公式为:

$$w_{ij} = tf_{ij} \times idf_j = tf_{ij} \times \log(N/df_j) \qquad (公式3-4)$$

其中:

w_{ij} 表示词项 t_j 在文档 D_i 中的权重;

tf_{ij} 表示词项 t_j 在文档 D_i 中出现的频数;

idf_j 表示词项 t_j 在文档集中的逆文档频数;

N 表示文档集中的文档数目;

df_j 表示文档集中出现词项 t_j 的文档数。

TF-IDF 的整个计算过程如下:

(1) 统计各术语在各文档中出现的频数 tf_{ij};

(2) 构建文档×术语频数关联矩阵 DTM_f,以术语在文档中出现的频数作为矩阵值;

(3) 矩阵中每个值均乘以相应术语的 idf_j 值,获得文档×术语权重关联矩阵 DTM_w;

---

[1] 施聪莺,徐朝军,杨晓江. TFIDF算法研究综述[J]. 计算机应用,2009,29(6):167—170.

[2] Salton G, Yu C T. On the construction of effective vocabularies for information retrieval [A]. Proceedings of the 1973 Meeting on Programming Languages and Information Retrieval[C]. New York: ACM, 1973: 48-60.

(4)对 DTM_w 进行转置,便可得到术语×文档权重关联矩阵 TDM_w,为后续通过聚类挖掘抽取术语的分类关系构建了数据基础。

表3-7列出了术语的逆文档频数 idf_j。

表3-7 术语的逆文档频数 idf_j 数据片段

术语	术语覆盖的文档数 df_j	术语的逆文档频数 idf_j	术语	术语覆盖的文档数 df_j	术语的逆文档频数 idf_j
数字图书馆	4119	0.1942	图书馆职能	12	2.7298
图书馆	2036	0.5002	信息抽取	11	2.7676
技术	1482	0.6382	文化建设	10	2.8090
建设	1415	0.6583	知识导航	9	2.8548
服务	1114	0.7621	图书馆法	8	2.9059
信息	960	0.8267	知识挖掘	7	2.9639
系统	933	0.8391	语义互操作	6	3.0309
网络	719	0.9523	主题图	5	3.1101
数字图书馆建设	709	0.9584	乡镇图书馆	4	3.2070
资源	697	0.9658	自然语言处理	3	3.3319

观察表3-7中的数据,可以看到,"数字图书馆"、"图书馆"、"技术"、"建设"、"服务"、"信息"等术语,虽然覆盖的文档数较多,覆盖范围较广,在经过逆文档频数计算后,相应的逆文档频数值 idf_j 较低,这样它们的重要性就被拉低了;而"自然语言处理"、"乡镇图书馆"、"主题图"、"语义互操作"、"知识挖掘"、"图书馆法"等术语,虽然覆盖的文档数较少,覆盖的范围较窄,在经过逆文档频数计算后,相应的逆文档频数值 idf_j 较高,它们的重要性就被拉高了,这样的处理是合理的。

表3-8是从文档×术语权重关联矩阵 DTM_w 中抽取出的部分数据片段。将 DTM_w 进行行列转置便得到术语×文档权重关联矩阵 TDM_w。

表3-8 基于分词构建的文档×术语权重矩阵 DTM_w 数据片段

术语 文档编号	数字图书馆	图书馆	建设	信息抽取	文化建设	图书馆法	语义互操作	主题图	乡镇图书馆	自然语言处理
198	0.1942		0.6583						3.2070	
221								6.2202		
336	1.1652							15.1545	3.1101	
492	0.9710		0.6583					15.5505		

续 表

术语 文档编号	数字图书馆	图书馆	建设	信息抽取	文化建设	图书馆法	语义互操作	主题图	乡镇图书馆	自然语言处理
1644			0.6583					3.1101		
1701	0.3884							12.4404		
3057	0.5826			13.8380						3.3319
3103	0.1942									3.3319
4269	0.1942									3.3319
4506			1.3166		2.8093					3.2072
5365		2.5010					2.8090			3.2072

对表 3-8 和表 3-5 中的数据进行比较分析,覆盖文档数最多的术语"数字图书馆"在文档 198 中出现 1 次,经过 TF-IDF 计算后获得了较小的权重 0.1942。虽然在文档 336 中出现的频数较高,达到了 6 次,经过 TF-IDF 计算后权重也仅有 1.1652。

而覆盖文档数较少的术语"自然语言处理"虽然在文档 3057 中仅出现了 1 次,经过 TF-IDF 计算后权重变为 3.3319,比术语"数字图书馆"的权重 0.5826 更大。同样,覆盖文档数较少的术语"主题图"虽然在文档 336 中仅出现了 1 次,经过 TF-IDF 计算后权重变成了 3.1101,在文档 492 中出现了 5 次,经过 TF-IDF 计算后权重达到了较高的 15.1505。

总体来说,对文档×术语信息空间进行 TF-IDF 计算后,术语的权重具备以下这些特征:(1) 覆盖文档范围广但在某个文档中出现频数较小的术语将获得更小的权重;(2) 覆盖范围广且在某个文档中出现频数较大的术语将获得一般的权重;(3) 覆盖文档范围小且在某个文档中出现频数较小的术语将获得一般的权重;(4) 覆盖文档范围小但在某个文档中出现频数较大的术语将获得更大的权重。

3.5 改进的术语×文档向量空间模型构建

3.5.1 改进原因及方法

在 3.4 节中,笔者借助 NLPIR 汉语分词工具构建了"数字图书馆"学科领域非结构化文档的术语×文档向量空间模型,各数据参数参见表 3-9。

表 3-9 基于分词构建的术语×文档向量空间模型各数据参数

文档数	6442	文档术语语义关联规模(去重)	50992
术语规模	911	平均每个文档关联的术语个数	7.92
文档术语语义关联规模	98747	术语×文档矩阵规模	911×6442

由表 3-9 中数据可以看出,文档术语语义关联规模较小,平均每个文档关联的术语个数为 8 个左右,数量并不多,从而导致了术语×文档矩阵较为稀疏。要在这样稀疏的矩阵中挖掘术语的分类关系,效果可能不尽理想。

笔者又对 3.4 节的文本分词结果进行了观察,以学科术语集为用户词典对文本进行分词的时候,并不能很全面地抽取出文档和术语间的语义关联,存在以下两种漏取情形:

(1) 对于具有包含关系的学科术语,例如,"信息资源检索"和"信息资源",如果一个文档中出现了"信息资源检索",NLPIR 分词只能抽取出"信息资源检索",而不能抽取出"信息资源",但实际上,此文档与"信息资源"是有语义关联的。

(2) 对于具有交叉关系的两个术语,例如,文本"数字图书馆形态"中包含了术语"数字图书馆"和"图书馆形态",它们具有交叉关系,NLPIR 分词只能抽取出"数字图书馆"而不能抽取出"图书馆形态",但实际上,此文档与"图书馆形态"也是有语义关联的。

为了解决这样的问题,笔者对文档与术语的关联情况进行了修正,以加强文档与术语的语义关联[1]。具体的修正办法是:针对每一个文档,从头开始逐个字符扫描,将术语集中的术语与同等长度的以当前字符为首的字符串进行匹配,判断术语在此文档中的出现情况。若匹配成功,则记录下该术语,否则不做任何处理。对一个文档进行完全扫描后,就可得到它所包含的所有术语及其出现的频数。

例如,针对上文提及的文本"信息资源检索",通过分词只能抽取到"信息资源检索",而通过扫描则可以抽取出"信息资源检索"、"信息资源"、"资源检索"、"信息"、"资源"、"检索";同样,对于文本"数字图书馆形态",通过分词只能抽取到"数字图书馆",而通过扫描则可以抽取出"数字图书馆"、"图书馆形态"、"数字"、"图书馆"、"图书"。因此,通过扫描抽取术语的方法获取了更多文档与术语的关联关系,增强了文档与术语的语义关联,而且这样的语义关联是有实际意义的。

---

[1] 王昊,苏新宁,朱惠. 中文医学专业术语的层次结构生成研究[J]. 情报学报,2014,33(6):594—604.

3.5.2 基于扫描的文档术语语义关联

表 3-10 分别列出了基于分词和基于扫描两种方法对非结构化文本进行术语抽取的结果。

表 3-10 基于分词和基于扫描对非结构化文本进行术语抽取示例

非结构化文本	高等院校数字图书馆个性化服务的 SWOT 分析及发展策略个性化服务是数字图书馆发展的必然趋势。本文利用 SWOT 分析法,具体分析了目前高等院校数字图书馆个性化服务的优势、劣势、机遇和威胁,并在此基础上提出了高等院校数字图书馆应该采取的发展策略。个性化服务高等院校数字图书馆 SWOT 分析
通过分词抽取出的术语	SWOT 分析(3 次);发展(1 次);发展策略(2 次);分析(1 次);高等院校数字图书馆(4 次);个性化服务(4 次);机遇(1 次);利用(1 次);趋势(1 次);数字图书馆(1 次)
通过扫描抽取出的术语	SWOT 分析(3 次);发展(3 次);发展策略(2 次);分析(4 次);高等院校数字图书馆(4 次);个性化服务(4 次);机遇(1 次);利用(1 次);趋势(1 次);数字图书馆(5 次) *服务(4 次);高等院校(4 次);个性化(4 次);数字(5 次);数字图书(5 次);图书(5 次);图书馆(5 次);图书馆发展(1 次);策略(2 次)*

观察表 3-10,表中斜体部分的数据是仅在扫描方法下才可获得的术语及其频数,可以看出,通过扫描方法抽取非结构化文本中的术语不仅获得的术语的个数增加了,术语的频数也增加了。通过分词方法获取了 10 个术语,总频数是 19,而通过扫描方法获取了 19 个术语,总频数为 63。因此,基于扫描方法获得的文档术语语义关联关系明显增多了。

表 3-11 展示了在两种术语抽取方法下各自抽取到的术语数目以及术语出现的总频数,可以看出两种抽取方法存在较大的差异。

表 3-11 分词和扫描两种方法下抽取的学科术语

文档编号	分词方法术语数目	扫描方法术语数目	术语数目差异	分词方法术语总频数	扫描方法术语总频数	术语总频数差异
1	10	16	6	16	35	19
2	23	31	8	38	95	57
3	10	19	9	19	63	44
4	10	15	5	20	39	19
5	12	21	9	19	32	13

续 表

文档编号	分词方法术语数目	扫描方法术语数目	术语数目差异	分词方法术语总频数	扫描方法术语总频数	术语总频数差异
6	6	10	4	13	26	13
7	27	32	5	55	95	40
8	14	19	5	29	56	27
9	21	30	9	33	67	34
10	15	17	2	24	46	22
……	……	……	……	……	……	……

3.5.3 基于扫描的术语×文档频数矩阵

笔者对"数字图书馆"学科领域非结构化文档集合 D 中的 6442 个文档基于学科术语集进行术语扫描,共获得了 243845 个文档术语语义关联关系,相比通过分词得到的 97747 个关联关系,前者接近后者的 2.5 倍。对同一文档的相同术语进行频数统计,去重后共获得了 89197 个不同的文档术语关联关系,相比通过分词得到的 50227 个关联关系,也有了很大的提高。在扫描方法下,平均每篇文档与 14 个左右的术语产生关联,而在分词情况下,平均每篇文档仅与 8 个左右的术语产生关联。

基于以上这些数据,构建了改进的 911 行×6442 列的术语×文档频数矩阵 TDM'_f。

表 3-12 列出了基于分词和基于扫描两种方法构建术语×文档向量空间模型的各数据参数。可以看出,基于扫描的方法获得了更多的文档术语语义关联关系,从而增加了术语×文档矩阵的稠密度。

表 3-12 不同方法构建术语×文档向量空间模型的数据参数比较

数据参数	基于分词	基于扫描	备注
文档数	6442	6442	—
术语规模	911	911	—
文档术语语义关联规模	98747	243845	后者是前者的 2.47 倍
文档术语语义关联规模(去重)	50992	89197	后者是前者的 1.75 倍
每个文档平均关联的术语个数	7.92	13.85	后者是前者的 1.75 倍
术语×文档矩阵规模	911×6442	911×6442	—

3.5.4　基于扫描的术语×文档权重矩阵

使用扫描方法构建了术语×文档频数矩阵 TDM'_f 后,同样需要对这个信息空间进行 TF-IDF 计算以获得术语在文档中的权重。由于文档与术语的语义关联关系发生了变化,因此术语覆盖的文档数 df_j 也发生了变化。在所有 911 个术语中,有 530 个术语覆盖的文档数保持不变;覆盖文档数增加量在 1~5 的有 159 个术语;增加量在 6~10 的有 57 个术语;增加量在 11~15 的有 35 个术语;增加量在 16~20 的有 17 个术语;增加量在 21~30 的有 19 个术语;增加量在 31~50 的有 23 个术语;增加量大于 50 的有 71 个术语。发生变化的这些术语的逆文档频数 idf_j 也随之发生了变化。表 3-13 展示了术语在分词和扫描两种方法下的覆盖的文档数 df_j 以及逆文档频数 idf_j。

表 3-13　分词和扫描两种方法下的 df_j 以及 idf_j

术语	分词覆盖的文档数	扫描覆盖的文档数	覆盖文档数之差	分词逆文档频数 idf_j	扫描逆文档频数 idf_j	逆文档频数 idf_j 之差
图书	191	5756	5565	1.5280	0.0489	−1.4791
图书馆	2036	5668	3632	0.5002	0.0556	−0.4447
数字	234	4736	4502	1.4398	0.1336	−1.3062
数字图书	22	4277	4255	2.4666	0.1779	−2.2887
数字图书馆	4119	4271	152	0.1942	0.1785	−0.0157
信息	960	2907	1947	0.8267	0.3456	−0.4812
建设	1415	2218	803	0.6583	0.4631	−0.1952
资源	697	2141	1444	0.9658	0.4784	−0.4874
服务	1114	2092	978	0.7621	0.4885	−0.2737
技术	1482	1888	406	0.6382	0.5330	−0.1052
……	……	……	……	……	……	……

通过扫描方法从非结构化文档中抽取的术语,它们在文档中出现的频数 tf_{ij} 相较于分词方法下也发生了变化,因此,在 tf_{ij} 和 idf_j 的双重变化下,术语对于文档的权重 w_{ij} 也将发生变化。表 3-14 展示了基于扫描方法构建的文档×术语权重矩阵 DTM'_w 的数据片段。

表3-14 基于扫描方法构建的文档×术语权重矩阵 DTM'_w 数据片段

文档编号＼术语	数字图书馆	图书馆	建设	信息抽取	文化建设	图书馆法	语义互操作	主题图	乡镇图书馆	自然语言处理
198	0.1785	0.1112	0.4631						3.2070	
221		0.0000						6.2202		
336	1.0710	0.3336					15.1545	3.1101		
492	0.8925	0.2780	0.4631					15.5505		
1644		0.0000	0.4631					3.1101		
1701	0.7140	0.2224						12.4404		
3057	0.5355	0.1668		13.8380						3.3319
3103	0.1785	0.0556								3.3319
4269	0.1785	0.0556								3.3319
4506		0.0556	1.3893		2.7676				3.2070	
5365		0.5560				2.3039			3.2070	

观察表3-14和表3-8中的数据，显示的文档编号和术语都是相同的，但是矩阵中的数据量和数据值有较大的差异。通过扫描方法构建的文档×术语权重矩阵 DTM'_w 更稠密，对其进行行列转置，便可得到术语×文档权重矩阵 TDM'_w，从而完成了术语×文档向量空间模型的构建。

3.6 术语×词汇向量空间模型构建

笔者在3.4节和3.5节中分别基于分词方法和扫描方法构建了术语×文档权重矩阵，但是发现矩阵的稠密度较低，这是因为采用了文档作为描述术语的特征项，在后续测度术语间的亲疏程度时依据的是术语在文档中的共现情况。一般来讲，两个术语共现的文档数越多，它们在术语×文档向量空间的更多相同的维度上取值，因此，描述这两个术语的向量将更接近，由此计算出的术语相似度更大。

本章上述部分提到，通过扫描的方法从非结构化文本中抽取术语，最终获得了89197个不同的文档术语关联关系，这些数据将会被填充在术语×文档矩阵中，每一列上所有非0的位置反映了术语的共现关系。相比于911×6442，89197这样的数据量还是很小的，矩阵较为稀疏，本质上是由较少的术语共现关系导致的。在较短的非结构化文本中，由于术语量较少，从而导致了术语的共现关系较少,术语共现概率较低。从较为稀疏的矩阵中挖掘学科术语的分类关系,效果可能不尽理想。

那么,是否有办法增加术语的共现关系,提高术语的共现概率,以使得术语向量空间中的数据更稠密呢?

3.6.1 术语共现关系中介的转变

在术语×文档向量空间模型中,文档是术语共现的中介,术语 T_1 与文档 D_i 关联,术语 T_2 也与文档 D_i 关联,则术语 T_1 与术语 T_2 共现。而我们知道文档是由许多词汇构成的,因此,也可以认为 T_1 与文档 D_i 的所有 w_i 个词汇产生了关联,这样一来,本来只有一个术语文档关联关系,现在扩展成了 w_i 个术语词汇关联关系。同样,T_2 也与文档 D_i 的所有 w_i 个词汇产生了关联。由此,T_1 与 T_2 通过词汇产生了共现关系,词汇成了它们共现关系的中介。

图3-2展示了由文档作为术语共现中介到由词汇作为术语共现中介的转换过程。

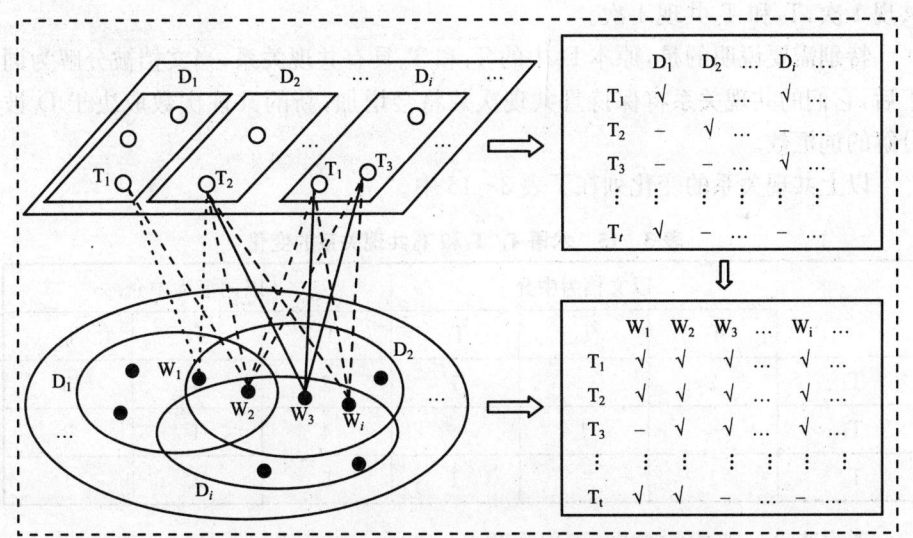

图3-2 文档级的术语共现转化为词汇级的术语共现

在图3-2中,上层为以文档为中介的术语共现。假设术语 T_1 出现在文档 D_1 和 D_i 中,术语 T_2 出现在文档 D_2 中,术语 T_3 出现在文档 D_i 中,由图可看出这3个术语中,仅 T_1 和 T_3 存在共现,T_1 和 T_2 以及 T_2 和 T_3 均无共现关系。如果把文档分解成更小颗粒的词汇,参见图3-2的下层,特别注意观察词汇 W_1、W_2、W_3 和 W_i,它们出现在不同的文档中,起到了术语共现中介的作用,T_1、T_2 和 T_3 间的共现关系将会发生变化。

词汇 W_1 同时出现在了文档 D_1 和 D_2 中,因此,这两个文档中的术语均与 W_1 产生了关联,原本各自文档内部的术语两两之间是基于术语文档关联存在共现关系,现在,W_1 作为中介,让 D_1 中的术语和 D_2 中的术语基于术语词汇关联产生了共现关系,因此,D_1 中的 T_1 和 D_2 中 T_2 本来没有共现关系,现在却由于 W_1 而有了共现关系,T_1 和 T_2 共现 1 次。

词汇 W_2 同时出现在了文档 D_1、D_2 和 D_i 中,因此,它把这 3 个文档中的术语均关联了起来,D_1 中的 T_1、D_2 中 T_2 的和 D_i 中的 T_1、T_3,两两之间产生了共现,由此产生的共现关系(去除与自身的共现)有:(1) D_1 中的 T_1 和 D_2 中的 T_2 共现了 1 次;(2) D_1 中的 T_1 和 D_i 中的 T_3 共现了 1 次;(3) D_2 中的 T_2 和 D_i 中的 T_1 共现了 1 次,D_2 中的 T_2 和 D_i 中的 T_3 共现了 1 次。

词汇 W_3 同时出现在了文档 D_2 和 D_i 中,因此,这两个文档中的术语均与 W_3 产生了关联,D_2 中的 T_2 和 D_i 中的 T_1、T_3 出现了共现关系,T_1 和 T_2 共现 1 次,T_2 和 T_3 共现 1 次。

词汇 W_i 与词汇 W_3 类似,同时出现在了文档 D_2 和 D_i 中,它也会让 T_1 和 T_2 共现 1 次,T_2 和 T_3 共现 1 次。

特别需要说明的是,原本 D_i 中的 T_1 和 T_3 具有共现关系,当文档被分解为词汇后,它们的共现关系将保持且共现次数将会增加,新的共现次数取决于 D_i 被分解的词汇数。

以上共现关系的变化列在了表 3-15 中。

表 3-15 术语 T_1、T_2 和 T_3 共现关系的变化

	以文档为中介			以词汇为中介		
	T_1	T_2	T_3	T_1	T_2	T_3
T_1	2	—	1	2	4	5
T_2	—	1	—	4	1	3
T_3	1	—	1	5	3	1

观察表 3-15 中的数据,可以发现:

(1) 本来没有共现关系的术语 T_1 和 T_2,产生了共现关系,且共现次数是由文档的公共词汇数决定的。D_1 与 D_2 有公共词汇 W_1 和 W_2,D_2 与 D_i 有公共词汇 W_2、W_3 和 W_i,不同的公共词汇数为 4,因此,T_1 与 T_2 共现了 4 次。

(2) 本来没有共现关系的术语 T_2 和 T_3,产生了共现关系。D_2 与 D_i 有公共词汇 W_2、W_3 和 W_i,因此,T_2 与 T_3 共现了 3 次。

(3) 本来具有共现关系的术语 T_1 和 T_3,它们的共现关系将保持,因为 D_i 被分解成了 5 个词汇,所以,T_1 与 T_3 共现了 5 次。D_1 中的 T_1 通过 W_2 与 D_i 中的 T_3

产生关联,因为 W_2 本身在 D_i 中,因此这个关联并没有增加 T_1 与 T_3 的共现次数。

经过上述分析可知,从以文档为中介转变为以词汇为中介后,术语的共现关系将会发生明显的变化:原本具备共现关系的术语,它们的共现关系将保持且共现频数会增加;原本不具备共现关系的术语,如果各自关联的文档拥有相同的词汇,则会产生关联,从而具备共现关系[①]。

因此,可以把非结构化文档分解成更小颗粒的词汇,借助术语与文档的关联以及文档与词汇的关联得到术语与词汇的关联,从而构建术语×词汇向量空间模型,这样的向量空间模型相较于术语×文档向量空间模型,数据量更多,向量空间更稠密,以此为数据基础,可以更好地挖掘学科领域术语的分类关系。

3.6.2 术语×词汇频数矩阵

术语通过文档与词汇产生关联,为了获得术语与词汇的关联,首先必须对非结构化文档进行词汇分解,这可以借助中文分词工具来完成。笔者利用 NLPIR 中文分词工具以学科术语集为用户词典对 6442 个文档进行了分词,选取其中的名词词汇,并去除了停用词和低频词,共获得了 2168 个词汇。进而,利用术语与文档的关联以及文档的词汇分解获得术语与词汇的关联关系,生成<术语,词汇,共现频数>三元组关系,据此便可构建术语×词汇频数矩阵。表 3-16 显示了术语×词汇频数矩阵的数据片段,相较于表 3-5(基于分词的文档×术语矩阵)和表 3-14(基于扫描的文档×术语矩阵),它的数据稠密度大大提高了。

表 3-16 术语×词汇频数矩阵数据片段

词汇 术语	版权	博客	参考咨询	查询	传统图书馆	创新	存储	大学图书馆	代理	档案	电子出版物	电子商务
编目			2	3	3	1	2	2		1		
标记语言									1			
读者	11	1	9	6	20	8	1	19	1	2	3	2
多媒体				6	5	2	6	2		1	1	
分布式	1		1	4	1		6	2	6	1		1
服务模式	2	1	7	1	14	13	4	3	1	2	1	1
复合图书馆			5		68	5		2		1		
个性化服务				7		4			2			3

---

① 王昊,苏新宁,朱惠. 中文医学专业术语的层次结构生成研究[J]. 情报学报,2014,33(6): 594—604.

续　表

词汇 术语	版权	博客	参考咨询	查询	传统图书馆	创新	存储	大学图书馆	代理	档案	电子出版物	电子商务
公共图书馆	2	2		2	5	1	3				1	
馆藏资源	6	3		7	1	2	2				5	

3.6.3 术语×词汇权重矩阵

在整个非结构化文档集 D 中,术语与词汇关联关系的强弱与它们共现次数的多少有关。一般来讲,共现次数越多,关联关系越强,同时关联关系的强弱还与术语和词汇的分布广度有关,如果术语或词汇在语料中频繁出现,则有理由认为这样的术语或词汇比较普通,相应地,重要性应被拉低。在此,笔者引入 Ochiia 系数来度量术语与词汇关联关系的强弱,将原来的<术语,词汇,共现频数>三元组关系转化为<术语,词汇,关联系数>。假设术语 A 与词汇 B 在文档集中共现次数为 C_{ij},A 出现在 C_i 个文档中,B 出现在 C_j 个文档中,则定义 A 与 B 的 Ochiia 系数为:

$$w_{ij} = \frac{C_{ij}}{\sqrt{C_i} \cdot \sqrt{C_j}}$$

（公式 3-5）

表 3-16 经 Ochiia 系数计算后形成表 3-17。

表 3-17　术语×词汇权重矩阵数据片段

词汇 术语	版权	博客	参考咨询	查询	传统图书馆	创新	存储	大学图书馆	代理	档案	电子出版物	电子商务
编目			0.026	0.040	0.021	0.009	0.019	0.021			0.023	
标记语言									0.042			
读者	0.045	0.020	0.058	0.039	0.068	0.034	0.005	0.097	0.008	0.019	0.035	0.019
多媒体				0.070	0.030	0.015	0.049	0.018		0.017	0.021	
分布式	0.007		0.010	0.042	0.006	0.007	0.044	0.016	0.080	0.015		0.016
服务模式	0.011	0.027	0.063	0.009	0.067	0.077	0.026	0.021	0.012	0.026	0.016	0.013
复合图书馆			0.041		0.296	0.027	0.006	0.013		0.012		
个性化服务			0.052	0.030	0.016	0.020	0.026	0.029	0.019			0.033
公共图书馆	0.012	0.019		0.010	0.032	0.007	0.023				0.017	
馆藏资源	0.050		0.040		0.049	0.009	0.019	0.021			0.119	

3.7　学科术语分类关系抽取

笔者将利用数据挖掘方法中的聚类方法来抽取术语的分类关系。基于已经构建的术语×词汇权重矩阵,采用两步聚类法进行聚类:首先利用 BIRCH 算法对术语进行预聚类,进而在此基础上利用层次聚类法获得术语的分类关系。在此过程中,每一层次上聚类类别的获得均要进行一次两步聚类,因此整个聚类过程是一个多重两步聚类过程。对于获得的每个聚类类别,通过对类别内各术语综合语义相似度的计算为类别分配标签:类别内具有最大综合语义相似度的术语被提取出来作为类标签。

图 3-3 描述了抽取术语分类关系以及确定聚类类别标签的具体过程。

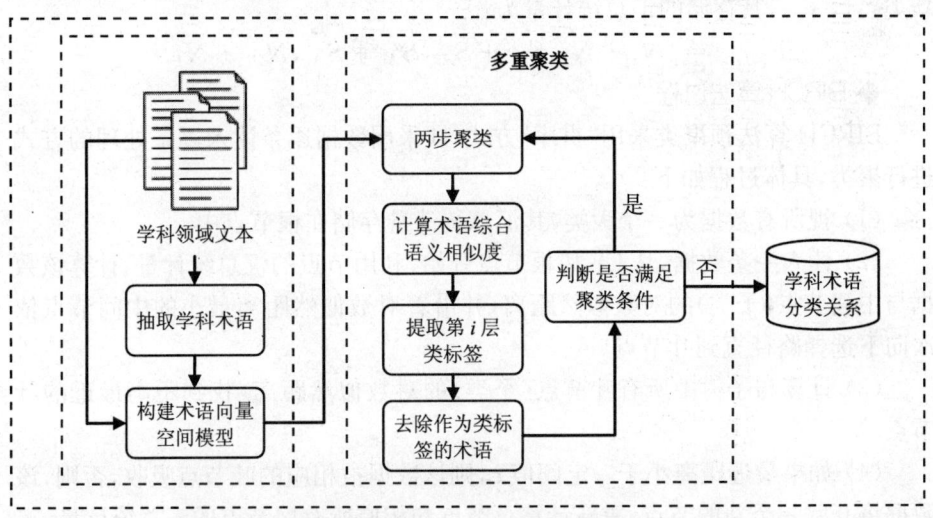

图 3-3　学科术语分类关系以及聚类类别标签的抽取过程

3.7.1　BIRCH 算法预聚类

本研究所采用的聚类方法是先利用 BIRCH 算法对学科术语进行预聚类,进而在预聚类的基础上利用层次聚类法挖掘术语的分类关系。该两步聚类法的优点在于:(1) 适合大型数据集的聚类分析;(2) 能够诊断样本中的离群点和噪声数据;(3) 能够根据一定的准则确定聚类数目。

BIRCH 算法是 Zhang、Ramakrishnon 和 Livny 于 1996 年提出的[1],该算法

---

[1] 薛薇,陈欢歌. Clementine 数据挖掘方法与应用[M]. 北京:电子工业出版社,2010:281.

的一个重要特点是有效解决了大数据集的聚类问题。有些聚类算法虽然在理论上无懈可击,却无法通过计算机实现,这是因为计算机的内存有限,无法存储超过内存容量的数据。而 BIRCH 算法提出了巧妙的数据存储方案,即 CF 树(Clustering Feature Tree),解决了上述问题。

CF 树是一种描述树结构的存储方式,它通过指针反映树中节点的上下层次关系。树中的叶节点为子类,具有同一父节点的若干子类合并为一个大类形成树的中间节点。若干大类可继续合并成更大的类形成更高层的中间节点,直到根节点表示所有数据形成一类。CF 树是一种压缩存储方式,树中每个节点只存储聚类过程计算距离所必需的汇总统计量,从而大大减少了数据存储量。

树节点 j 即第 j 类存储的汇总统计量为 $CF_j = \{N_j, S_{Aj}, S_{Aj}^2, N_{Bj}\}$,其中 N_j 为节点所包含的样本量,S_{Aj} 为数值型变量值的总和,S_{Aj}^2 为数值型变量值的平方和,N_{Bj} 为分类型变量各类别的样本量。对于由第 j 类和第 s 类合并形成的新类 $<j,s>$,其存储的汇总统计量为:

$$CF_{<j,s>} = \{N_j + N_s, S_{Aj} + S_{As}, S_{Aj}^2 + S_{As}^2, N_{Bj} + N_{Bs}\}$$

◆ BIRCH 算法过程

BIRCH 算法预聚类采用"贯序"方式,即采用数据逐条读入逐条处理的方式进行聚类,具体过程如下:

(1) 视所有数据为一个大类,其汇总统计量存储在根节点中。

(2) 读入一条数据,从 CF 树根节点开始,利用节点的汇总统计量,计算该数据与中间节点(子类)的对数似然距离,并沿着对数似然距离最小的中间节点依次向下选择路径直到叶节点。

(3) 计算与子树中所有叶节点(子类)的对数似然距离,找到距离最近的叶节点。

(4) 如果最近距离小于一定阈值 c,则该数据被相应的叶节点吸收,否则,该数据将开辟一个新的节点,重新计算页节点和相应所有父节点的汇总统计量。

(5) 判断新插入数据的叶节点是否包含了足够多的数据,如果是则分裂该节点形成两个新的叶节点,该叶节点变成中间节点。分裂时以相距最远的两点为中心,根据距离最近原则分类,重新计算叶节点的汇总统计量。

(6) 随着 CF 树的生长,聚类数据在不断增加,即 CF 树会越来越茂盛,当 CF 树生长到被允许的最"茂盛"程度时,即叶节点个数达到允许的最大聚类书目时,如果此时数据尚未得到全部处理,则应适当增加阈值 c 重新建树,以得到一棵较小的 CF 树。

(7) 重复上述过程,直到所有数据均被分配到某个叶节点(子类)为止。

以上过程的具体算法参见图 3-4。

① 视所有术语为一个大类，计算 CF，创建根节点；
② 读入一个术语，从根节点开始，计算该术语与中间节点（子类）的对数似然距离，并沿着对数似然距离最小的中间节点依次向下选择路径直到叶节点；
③ 计算术语与子树中所有叶节点的距离，判断最小距离是否小于阈值：
　　是，则术语被吸收，判断新插入术语的叶节点是否包含足够多的术语：
　　　　是，则分裂该节点，该节点变成中间节点，重新计算叶节点的 CF；
　　　　否，则不分裂该节点；
　　否，则开辟新的页节点，重新计算叶节点和所有父节点的 CF；
④ 判断叶节点的数目是否达到最大聚类数目：
　　是，判断术语是否全部被处理：
　　　　是，结束聚类；
　　　　否，适当增加聚类阈值重新构建较小的 CF 树；
　　否，判断术语是否全部被处理：
　　　　是，结束聚类；
　　　　否，继续处理下一个术语。

图 3-4　BIRCH 具体算法

3.7.2　层次聚类

在 BIRCH 算法预聚类完成后，得到样本数据的 J 个类，这些类将作为层次聚类的输入。

层次聚类算法必须首先确定距离的基本定义以及类间距离的计算方法，随后按照距离的远近，把距离相近的数据一步一步归为一类，直到数据完全归为一个类别为止；或者首先认为所有数据为一个类别，然后通过把距离远的数据一步一步分离开来，直到所有的数据各自成为一类为止，这样就得到了一系列可能的聚类结果，最后再利用相关的一些指标来确定最优的聚类类别[1]。

对于 J 个子类，合并法的层次聚类需进行 $J-1$ 次迭代，每次迭代过程需分别计算两两子类之间的距离，并依据距离最小原则，将距离最近的两个子类合并，直到得到一个大类。

◆ 层次聚类算法过程

（1）对于预聚类得到的 J 个类，按照定义的距离计算各类之间的距离形成一个距离矩阵；

---

[1] 张文彤，董伟.SPSS 统计分析高级教程[M].北京：高等教育出版社，2004：237.

（2）将距离最近的两类合并为一类,从而得到 $J-1$ 个类,计算新产生的类与其他各类之间的距离或相似度,形成新的距离矩阵;

（3）按照和第(2)步相同的原则,再将距离最接近的两个类合并,这时如果类的个数仍然大于1,则继续重复这一步骤,直到所有的数据都被合并到一个类为止。

在迭代过程中,如果距离矩阵很庞大则一定会超出内存的容量,计算机将不得不利用硬盘空间做虚拟内存,这样使得算法执行效率大大降低。在一般的层次聚类算法中,算法的输入是所有样本数据,算法执行的中前期,距离矩阵非常庞大,造成算法在大数据集上运行速度极慢。而笔者是在预聚类的基础上再运用层次聚类算法,预聚类数目不会很大,所以有效地解决了内存容量这个问题。

◆ 确定聚类数目

两步聚类法在层次聚类过程中通过两个阶段自动确定聚类数目。

第一阶段,以贝叶斯信息准则（Bayesian Information Criterion，BIC)作为判定标准确定预聚类数目。

假设预聚类数目为 J,则有:

$$BIC(J) = -2\sum_{j=1}^{J}\xi_j + m_J\log(N) \quad (公式3-6)$$

$$m_J = J(2K^A + \sum_{k=1}^{K_B}(L_k - 1)) \quad (公式3-7)$$

贝叶斯信息准则的第一项即公式3-6反映的是 J 类对数似然的总和,是类内差异性的总度量;第二项即公式3-7是一个模型复杂度的惩罚项,当数据确定后,J 越大该项值越大。

合适的预聚类数目应使得总的类内差异较小,即应使得公式3-6的取值较小。最极端的情况是一个样本数据一个类,但这显然不可取,所以,在考虑总的类内差异性的时候,还必须考虑预聚类的数目,预聚类数目必须合理。

如果所有样本数据合并成一个大类,此时公式3-6值最大,公式3-7值最小。当预聚类数目增加时,公式3-6值减少,公式3-7值增大,通常增大幅度小于减少幅度,因此总值减少;当预聚类数目增加到 J 时,公式3-7值的增大幅度开始大于公式3-6值的减少幅度,总值开始增大,此时的 J 就是最合适的预聚类数目。

第二阶段,对第一阶段的预聚类数目 J 做修正,用到的指标是:

$$R_2(J) = \frac{d_{\min}(C_J)}{d_{\min}(C_{J+1})} \quad \text{(公式 3-8)}$$

其中，$d_{\min}(C_J)$ 为聚类数目为 J 时，两两类间对数似然距离的最小值。$R_2(J)$ 反映了层次聚类的类合并过程中，类间差异性最小值的变化，值越大表明 $J+1$ 类到 J 类越不恰当。可依次计算 $R_2(J-1)$、$R_2(J-2)$ 到 $R_2(2)$ 的值，找到其中的最大值和次大值，如果最大值是次大值的 1.15 倍以上，则最大值所对应的 J 为最终聚类数目，否则，最终聚类数目 J 为最大值对应的聚类数目和次大值对应聚类数目中的较大值。在本研究的层次聚类过程中，人工设定聚类数目的范围，相应地计算若干个 $R_2(J)$ 的值，采取上述方法确定最佳的聚类数目。

3.7.3 类标签的确定

学科领域术语分类关系的抽取过程也伴随着类标签的确定过程。本研究针对术语分类关系中各层次的各类别，计算类中各术语的综合语义相似度，把拥有最大综合语义相似度的术语提取出来作为类标签[①]。假设术语 $T_i = (w_{i1}, w_{i2}, \cdots, w_{im})$，术语 $T_j = (w_{j1}, w_{j2}, \cdots, w_{jm})$，则 T_i 与 T_j 的语义相似度定义为：

$$Sim(T_i, T_j) = \frac{\sum_{k=1}^{m} w_{ik} \cdot w_{jk}}{\sqrt{\sum_{k=1}^{m}(w_{ik})^2 \cdot \sum_{k=1}^{m}(w_{ik})^2}} \quad \text{(公式 3-9)}$$

公式 3-9 实质上是两向量的余弦系数，在机器学习中普遍被用来度量向量间的相似度。术语的综合语义相似度是指该术语与类中其他所有术语语义相似度之和。假设类中包含术语 $T_1, T_2, \cdots, T_i, \cdots, T_n$，则术语 T_i 的综合语义相似度为：

$$SumSim(T_i) = \sum_{j=1, j \neq i}^{n} Sim(T_i, T_j) \quad \text{(公式 3-10)}$$

若术语具有最大综合语义相似度，可以认为该术语在当前类中代表了最宽泛的语义内容，可以作为该类的类标签。

表 3-18 展示了某个类中各术语的综合语义相似度取值。该类中包含 11

---

① 季培培，鄢小燕，岑咏华等. 面向领域中文文本信息处理的术语语义层次获取研究[J]. 现代图书情报技术，2010(9)：37—41.

个术语,如表所示。表中行列交叉位置单元格内为两个对应术语的语义相似度,特别地,术语与自身的相似度值设为0,这样,每列数值相加便得到术语的综合语义相似度。

表3-18 类中术语综合语义相似度计算示例

相似度\术语 术语	本体	法律问题	领域本体	数字图书馆技术	系统构建	信息传播	语义网	知识共享	知识管理	知识库	知识组织
本体	0.000	0.029	0.650	0.117	0.046	0.044	0.685	0.153	0.263	0.217	0.521
法律问题	0.029	0.000	0.014	0.037	0.013	0.107	0.026	0.027	0.044	0.022	0.037
领域本体	0.650	0.014	0.000	0.044	0.023	0.017	0.346	0.121	0.123	0.123	0.328
数字图书馆技术	0.117	0.037	0.044	0.000	0.036	0.034	0.100	0.034	0.077	0.054	0.096
系统构建	0.046	0.013	0.023	0.036	0.000	0.020	0.042	0.027	0.042	0.033	0.042
信息传播	0.044	0.107	0.017	0.034	0.020	0.000	0.035	0.031	0.067	0.031	0.044
语义网	0.685	0.026	0.346	0.100	0.042	0.035	0.000	0.089	0.196	0.106	0.462
知识共享	0.153	0.027	0.121	0.034	0.027	0.031	0.089	0.000	0.201	0.245	0.186
知识管理	0.263	0.044	0.123	0.077	0.042	0.067	0.196	0.201	0.000	0.148	0.383
知识库	0.217	0.022	0.123	0.054	0.033	0.031	0.106	0.245	0.148	0.000	0.166
知识组织	0.521	0.037	0.328	0.096	0.042	0.044	0.462	0.186	0.383	0.166	0.000
综合相似度	**2.723**	0.356	1.789	0.629	0.324	0.430	2.087	1.113	1.545	1.144	2.263
综合相似度排名	**1**	10	4	8	11	9	3	7	5	6	2

在表3-18中,查看经计算后得到的术语综合语义相似度,"本体"具有最高值2.723,因此该术语被抽取出来作为该类的类标签。剩下的术语如果满足预先设定的聚类条件则继续聚类,否则聚类停止。

3.7.4 实验结果及分析

笔者将利用在3.6节构建的术语×词汇权重矩阵作为抽取术语分类关系的数据基础,借助专业的数据挖掘工具Clementine对术语分类关系进行聚类挖掘。

聚类分析能够将一批样本数据在没有先验知识的前提下,根据个体的描述特征,按照亲疏程度把相似的个体归为一组,且使组内个体的结构特征具有较大的相似性,而组间个体的特征相似性较小。聚类分析是一种无监督的学习方法,在具体聚类过程中,需要人工确定聚类的数目以及聚类结束的条件,这些都需要依靠领域专家的知识和经验。

(1) 聚类数目的确定。本文采用的两步聚类法可以自动确定聚类的数目，笔者据此设定了如下的聚类数目确定方案：首先由领域专家确定各层聚类数目的取值范围，再根据两步聚类法在此范围内自动选出最佳的聚类数目。

假设：① n 表示类中的术语数；② MaxNum 表示类内不允许聚类的最大术语数，即若类中术语数小于等于该值，则停止聚类，否则继续聚类；③ Ceil(X)表示大于等于 X 的最小整数。笔者根据学科特点对各层次聚类数目范围的设定如下：第一层次聚类数目范围为 10~15，即两步聚类法自动确定的最佳聚类数目被限定在此区间内；第二层次聚类数目范围为 5~10；其后各层次的聚类数目范围与类中包含的术语数目有关：若术语数目大于等于 5 × MaxNum，则聚类数目范围为 5~Ceil(n/MaxNum)，否则为 Ceil(n/MaxNum)~5。给定聚类数目的范围后，两步聚类法会依据贝叶斯信息准则以及类合并过程中类间差异性最小值的变化来确定最终的聚类数目。

(2) 聚类结束的条件。本文采用的两步聚类法的第二步是层次聚类法，因此对于拥有 N 个个体的样本数据，会经过若干次迭代直到把所有个体聚成 m 个类（这里的 m 即设定的聚类数目范围内的最小值），聚类终止。相比其他的一些聚类方法，例如，K-means 聚类等，并不需要设置特别的聚类结束条件。

针对某个学科领域，并不知道 MaxNum 取值多少为最佳，因此笔者对 MaxNum 的取值进行了多次尝试。在本研究的聚类过程中，令 MaxNum = 5/10/15/20，共进行了 4 次尝试，实验结果如表 3-19 所示。

表 3-19 不同 MaxNum 取值下的聚类结果

指标	MaxNum = 5	MaxNum = 10	MaxNum = 15	MaxNum = 20
聚类形成的总簇数	301	190	143	129
第 1 层次簇数	10	10	10	10
第 2 层次簇数	51	51	51	51
第 3 层次簇数	118	96	82	68
第 4 层次簇数	96	33	0	0
第 5 层次簇数	26	0	0	0
整体最小层次数	4	3	3	3
整体最大层次数	6	5	4	4
类内最多术语数	5	10	15	19
类内最少术语数	1	1	2	3

一个好的聚类层次结构中，整体的深度、宽度以及类节点数的多少都须较为合理。笔者根据学科特点以及对聚类结果的观察，最终选定 MaxNum = 10。

表 3-20 列出了聚类分析结果中第 1 层次各类别的相关数据。

表 3-20　聚类第 1 层次各类别情况

顶层	第1层次类号	类标签	术语数	第2层次聚类簇数	第3层次聚类簇数	第4层次聚类簇数	簇数合计
数字图书馆	C1	版权	103	5	10	6	21
	C2	安全	87	5	11	4	20
	C3	知识服务	91	5	10	2	17
	C4	Lib2.0	78	5	7	2	14
	C5	存储	77	5	7	3	15
	C6	个性化	114	5	14	2	21
	C7	评价	126	6	13	8	27
	C8	资源	72	5	8	2	15
	C9	门户	98	5	12	4	21
	C10	多媒体	64	5	4	0	9
合计		—	910	51	96	33	180

表 3-21 列出了第 1 层次类"C3_知识服务"的具体层次结构及其包含的部分术语。

表 3-21　类"C3_知识服务"的层次结构及其内容

第2层次	第3层次	第4层次	第2层次	第3层次	第4层次	第5层次
本体			语义网格			
	领域本体			知识管理系统		
	语义网				WAP	
	知识共享				数字化权	
	知识管理				知识转化	
	知识库				……	
	知识组织			知识组织系统		
	……				人性化服务	
知识网络					推送技术	
	信息环境				语义互联	

第3章 学科术语分类关系抽取

续 表

第2层次	第3层次	第4层次	第2层次	第3层次	第4层次	第5层次
		服务功能				……
		知识创新			OWL-S	
		知识经济			服务组合	
	运行机制					OWL
		规范控制				本体学习
		建设方案				服务特征
		知识获取				……
		知识网格			军队院校图书馆	
		……			军队院校	
集成服务					人文关怀	
	网格计算				……	
		信息集成服务	3G			
		移动服务			泛在图书馆	
		用户体验			博客	
		可用性			泛在化服务	
		隐私保护			泛在智能	
		……			……	
	信息资源组织				手机图书馆	
		信息服务模式			手机	
		资源配置			无线网络	
		……			……	

聚类分析本身是一个无监督的学习方法,不同参数的设定和实验方案的设计会导致不同的分析结果。目前还没有统一的标准对聚类结果进行评价,因此,本书通过领域专家对结果进行评价。笔者随机抽取了层次结构中的10个父类及其子类,对其中聚类效果以及类标签的合理性进行考察。

针对抽取出来的每一个父类及其子类:(1)查看子类标签间的关联关系,如果大部分的子类标签间具有较强的关联关系,则认为聚类效果较好;(2)查看子类标签与父类标签的关联关系,如果大部分的子类标签与父类标签有较强关联关系,则认为类标签的抽取较合理。相关数据如表3-22所示。

表3-22 聚类效果及类标签抽取合理性检验

父类编号	父类标签	包含的子类数 S_i	有关联关系的子类数 SSR_i	聚类正确率 SSR_i/S_i	与父类标签有关联的子类标签数 SFR_i	类标签抽取正确率 SFR_i/S_i
C4	Lib2.0	5	5	100.00%	5	100.00%
C3	知识服务	5	4	80.00%	4	80.00%
C4_1	社会阅读	5	4	80.00%	4	80.00%
C1_4	知识产权	6	4	66.67%	4	66.67%
C3_1	本体	10	7	70.00%	9	90.00%
C5_1	网站	9	9	100.00%	9	100.00%
C8_3_1	数字图书馆建设	7	6	85.71%	8	100.00%
C9_1_1	资源组织	7	5	71.43%	7	100.00%
C6_3_4_1	计量分析	7	5	71.43%	5	71.43%
C7_6_2_2	数字图书馆评价	7	6	85.71%	6	85.71%
平均	—	—	—	80.88%	—	89.71%

由表3-22中的数据可以得出以下结论:

(1) 关于聚类效果。从随机抽取样本的评价结果来看,大部分的类中成员间关系较紧密,聚类正确率均大于等于66.67%,平均值达到了80.88%,这也反映了本研究所采用的聚类方法能有效针对稀疏数据进行聚类挖掘。类"C3_知识服务"包含的下层5个子类分别为"C5_1_本体"、"C5_2_知识网络"、"C5_3_语义网格"、"C3_4_3G"和"C3_5_集成服务"。可知其中的"C5_1_本体"、"C5_2_知识网络"、"C5_3_语义网格"和"C3_5_集成服务"间有较强的关联关系,而"C5_4_3G"与其他术语并无明显的关联关系,因此,计算得到的聚类正确率为80%。

(2) 关于类标签抽取。在随机抽取的样本中,大部分类的标签抽取较为合理,能与类中较多成员产生关联。类标签抽取正确率均大于等于66.67%,平均值达到了89.71%,这也反映了通过计算术语综合语义相似度来抽取类标签这一方法具有一定的可行性。同样以类"C3_知识服务"为例,它的5个子类中,有4个类的类标签与"知识服务"有较强的关联关系,因此,计算得到的类标签抽取正确率为80%。

3.7.5 与现有方法及技术的对比

笔者又采用K-means聚类方法抽取了术语的分类关系,并与两步聚类法进行了比较,具体数据参见表 3-23。

表 3-23 两步聚类法与 K-means 聚类法结果比较

指标 聚类方法	聚类总簇数	聚类最深层次数	类内最少术语数	类内最多术语数	平均聚类正确率(%)	平均类标签抽取正确率(%)
两步聚类法	190	5	1	10	80.88	89.71
K-means 聚类法	398	18	1	10	70.39	55.59

对两种聚类方法的过程和结果进行比较分析:

(1) 两步聚类法在确定聚类数目上有优势。K-means 聚类法需要指定具体的聚类数目,不同的聚类数目确定方案会导致不同的聚类结果,因此,需要花费大量的时间和精力制定合理的方案并进行不断尝试。而两步聚类法可以在一定的聚类数目范围内根据相关指标自动确定聚类数目。

(2) 两步聚类法更适合稀疏型数据。K-means 聚类结果中有大量只含有一个术语的类,通过观察,有些术语完全可以并入其他类中,而两步聚类法的结果中这种现象较少。

(3) 两步聚类法聚类结果的整体宽度和深度更为合理。K-means 聚类的总簇数达到了两步聚类法的两倍,并且聚类最深层次达到 18,这样的聚类结构不能客观合理地反映术语的分类关系。

(4) 两步聚类法的有效性高于 K-means 聚类法。通过随机抽取的样本进行计算,K-means 聚类法的平均聚类正确率是 70.39%,平均类标签抽取正确率是 55.59%,低于两步聚类法的 80.88% 和 89.71%。

K-mens 聚类法和层次聚类法都是较常用的聚类方法,但这两种聚类方法都有各自的局限性:

(1) 层次聚类法不适用于对大型数据的处理,这是因为在迭代过程中,如果距离矩阵很庞大则一定会超出内存容量,计算机将不得不利用硬盘空间做虚拟内存,使得算法执行效率大大降低。层次聚类法的输入是所有样本数据,方法执行的中前期,距离矩阵非常庞大,会造成在大数据集上的运行速度极慢。

(2) K-means 聚类法虽然在运算方面具有简洁、快速的优点,但它需要人工确定聚类数目,这就要求研究人员对所研究的问题和数据有较全面的掌握,难度较大。除此之外,该方法采用均值确定初始类中心点,因而容易受数据极端值的干扰,即离群点和噪声数据对聚类结果会产生直接的影响,这可能导致局部聚类结果较优,无法得到较为均匀的聚类结果。

因此,本研究中笔者对抽取术语分类关系的聚类方法进行了融合优化,先采用 BIRCH 算法对术语进行预聚类,在此基础上,再利用层次聚类法进一步聚

类,形成一个两步聚类法,该方法的优点体现在以下两个方面:

(1) 适用于大型数据集的聚类。两步聚类法中的 BIRCH 预聚类提出了一种巧妙的数据存储方案——CF 树(Clustering Feature Tree),它是一种数据的压缩存储方式,因此可以极大降低聚类过程中对于内存的占用,适用于大数据集。

(2) 在给定的聚类数目范围内能自动确定聚类的数目。在两步聚类法的第二步即层次聚类过程中,通过两阶段策略自动确定聚类数目:① 以贝叶斯信息准则作为判定标准"粗略"估计聚类数目;② 对上一步的"粗略"估计聚类数目进行修正,利用类合并过程中类间差异性最小值变化的相对指标来确定最优的聚类数目。

3.8 本章小结

学科术语分类关系(层次关系)是学科领域本体的重要组成部分,本章主要论述了如何从学科领域非结构化文本中抽取术语分类关系的流程、方法和技术。

(1) 学科术语集的构建。学科领域研究文献中的关键词能较好地反映学科术语,因此,笔者首先获取了学科领域研究文献,在对关键词统一规范的基础上,借助统计分析方法、术语学科认可度指标以及一些筛选规则来构建学科术语集。

(2) 学科术语向量空间模型的构建。笔者首先借助 NLPIR 中文分词工具构建了术语×文档权重矩阵,随后又基于扫描方法构建了改进的术语×文档权重矩阵,由于这两种矩阵的稠密度均较低,笔者最后以词汇作为术语共现的中介构建了术语×词汇权重矩阵,大大提升了向量空间的稠密度。

(3) 学科术语分类关系的抽取。笔者首先利用 BIRCH 预聚类再利用层次聚类这样的两步聚类法抽取学科术语的分类关系。在聚类过程中,通过计算术语的综合语义相似度为每个聚类类别设置了标签。

本章最后还将所采用的聚类方法与其他的聚类方法进行了对比分析,阐明了所采用方法的优势所在。

第4章 学科术语非分类关系抽取

在本书的第3章,笔者探讨了学科术语分类关系即层次关系的抽取方法和策略,而学科术语间的关系除了分类关系外,还有非分类关系。所谓非分类关系,是指除分类关系外剩下所有的关系[①]。相较于分类关系,非分类关系的抽取更加困难,目前国内外在这方面的研究也比较少,这是因为:(1)在抽取之前,并不知道到底存在哪些关系;(2)在抽取之前,也并不知道哪些关系是研究人员感兴趣的[②];(3)对于抽取到的非分类关系,还没有特别好的方法来确定关系的标签。

目前,在对领域术语非分类关系抽取的研究中,主要存在以下这些方法:(1)基于词汇—句法模式的方法。该方法最先由Herst提出,通过对领域文本的分析,人工归纳出频繁出现的语言模式作为模板,然后利用此模板来抽取术语的非分类关系,前提是必须人工制定抽取模板[③],因此抽取到的非分类关系受制于模板的准确性和完备性。(2)基于句法分析的方法。该方法通过完全的句法分析抽取术语的非分类关系,并运用卡方检验确定具有非分类关系的术语所处的层次,具有较高的准确率[④]。(3)基于关联规则的方法。该方法利用普通关联规则分析抽取术语的非分类关系,但只能得到具有非分类关系的术语对,而不能得到术语非分类关系的具体标签[⑤]。

[①] 温春,石昭祥,辛元. 基于扩展关联规则的中文非分类关系抽取[J]. 计算机工程,2009,35(24):63—65.

[②] 王岁花,赵爱玲,马巍巍. 从Web中提取中文本体非分类关系的方法[J]. 计算机工程与设计,2010,31(2):451—454.

[③] Girju R, Moldovan D. Text mining for causal relations [A]. Proc. of the FLAIRS Conference [C]. Florida:AAAI Press, 2002:360-364.

[④] Ciramita M. Unsupervised learning of semantic relations between concepts of a molecular biology ontology[A]. Proc. Of the 19th International Joint Conference on Artificial Intelligence[C]. Edinburgh, UK:[s. n.], 2005.

[⑤] Maedche A, Staab S. Discovering conceptual relations from text [A]. Proc. of the 12th International Conference on Software and Knowledge Engineering[C].Berlin, Germany:[s. n.], 2000:321-325.

4.1 方法描述

笔者首先构建了句子×术语向量空间模型,运用关联规则分析方法抽取由两个术语构成的关联规则,作为候选的非分类关系术语对;其次运用 NLPIR 中文分词工具从学科领域非结构化文本中抽取动词,通过 VF‐ICF(Verb Frequency‐Inverse Concept Frequency)计算筛选出学科领域动词;最后通过构建句子×＜术语,动词＞向量空间模型为候选非分类关系术语对分配领域动词作为关系的标签,从而获得术语非分类语义关系及其标签。

本研究抽取术语非分类关系的具体方法如下:

(1) 从领域非结构化文本中抽取关联术语对作为候选非分类关系术语对。以领域文献的摘要作为数据基础,将其切分成句子,并借助 NLPIR 中文分词工具构建句子×术语向量空间模型,运用关联规则分析方法抽取前后项分别为术语的关联规则。在抽取过程中,要注意关联规则的有效性和实用性,笔者将会借助规则置信度、规则支持度、规则提升度、置信差、置信率、正态卡方、信息差等指标对关联规则进行有效性和实用性的评价。

(2) 抽取学科领域动词。笔者首先利用 NLPIR 中文分词工具对作为研究语料的句子进行词性标注分词,提取其中的动词;其次对这些动词词汇进行停用词处理和单字词汇过滤;最后以 VF‐ICF 指标值为主要依据对动词词汇进行筛选以得到合理的学科领域动词。

(3) 构建句子×＜术语,动词＞向量空间模型。以第(1)步中得到的关联规则中的术语以及第(2)步中得到的学科领域动词作为描述句子的特征项,构建相应的向量空间模型。

(4) 抽取由术语对和学科领域动词构成的关联规则。以第(3)步中构建的向量空间模型为数据基础,再次运用关联规则分析方法,以术语对为规则的前项、动词为规则的后项抽取术语对与动词的关联规则,并借助相关指标对规则的有效性和实用性进行评价。

(5) 确定术语非分类关系及其标签。第(4)步的结果中是这样的一些关联规则:术语对与学科领域动词具有较强的关联关系,但不能保证术语对中的两个术语具有较强的关联关系,因此需要对第(4)步的结果进一步筛选,从中抽取术语对的两个术语本身就有较强关联关系的那些规则,最终获得术语非分类关系及其标签。

图 4‐1 描述了从学科领域非结构化文本抽取术语非分类关系及其标签的方法和流程。

第4章 学科术语非分类关系抽取

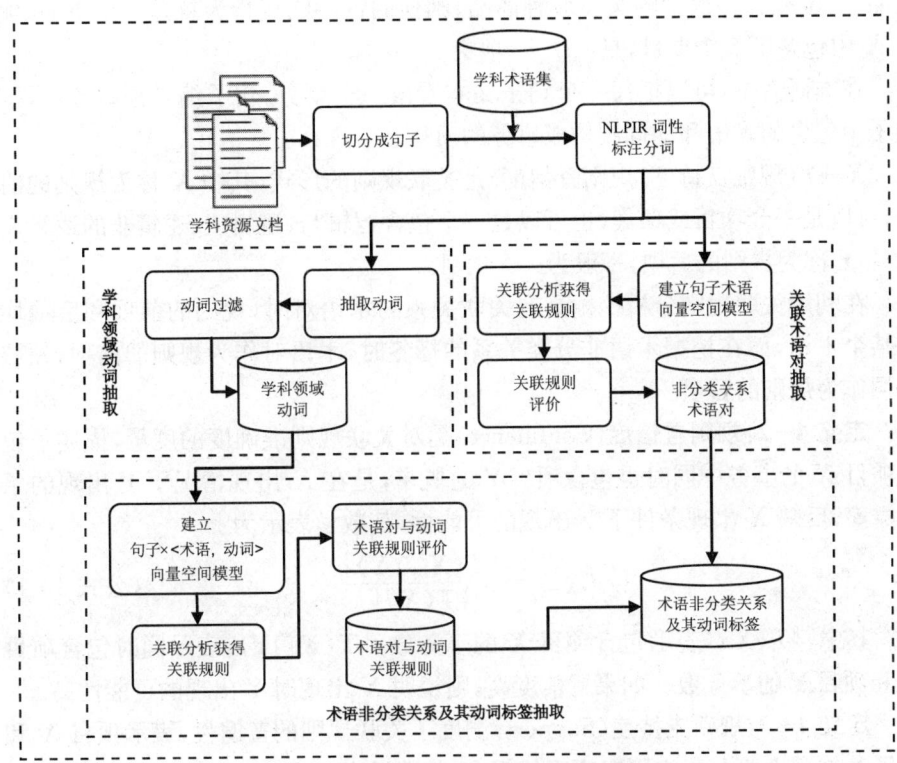

图 4-1 术语非分类关系抽取方法和流程

4.2 关联规则分析

本节将论述关联规则分析的含义以及关联规则有效性和实用性的评价指标。

4.2.1 关联规则及其有效性和实用性

关联规则分析是数据挖掘的重要工具,它属于无指导的学习方法,能够有效揭示数据中隐含的关联特征,从而揭示事物的内在特征和规律。该规则最早由 Agrawal、Imielinski 和 Swami 提出[①]。

定义 4-1:事务(T)通常由事务标识(TID)和项目集合(X)组成,事务标识唯一确定一个事务。如果项目集合(项集)中包含 p 个项目,则称 X 为 p-项集。

---

① 薛薇,陈欢歌. Clementine 数据挖掘方法与应用[M]. 北京:电子工业出版社,2010:242.

例如,一位顾客一次性购买了 5 种商品,则他的这一购买行为就是一个事务,项集 X 中包含了 5 个项目,是一个 5-项集。

在本研究中,可以把每一个句子文本看成一个事务,句子编号是事务标识,句子中包含的术语和动词则构成事务的项集。

$X \rightarrow Y$(规则支持度,规则置信度)是关联规则的形式,其中 X 称为规则的前项,可以是一个项目或项集,也可以是一个包含逻辑与、逻辑或、逻辑非的逻辑表达式,Y 称为规则的后项,一般为一个项目。

在利用关联规则分析挖掘具有关联关系的术语对时,规则的前项和后项均为某个术语,而在挖掘术语非分类关系的标签时,术语对作为规则的前项,领域动词作为规则的后项。

定义 4-2:规则置信度(Confidence)是对关联规则准确度的度量,描述了包含项目 X 的事务中同时也包含项目 Y 的概率,是在 X 出现情况下 Y 出现的条件概率,反映 X 出现条件下 Y 出现的可能性,其数学表示为:

$$C_{X \rightarrow Y} = \frac{|T(X \cap Y)|}{|T(X)|} \quad \text{(公式 4-1)}$$

其中,$|T(X)|$ 表示包含项目 X 的事务数,$|T(X \cap Y)|$ 表示同时包含项目 X 和项目 Y 的事务数。如果置信度高,则说明 X 出现时 Y 出现的可能性高。

定义 4-3:规则支持度(Support)测度了关联规则的普遍性,表示项目 X 和项目 Y 在整个事务集中同时出现的概率,其数学表示为:

$$S_{X \rightarrow Y} = \frac{|T(X \cap Y)|}{|T|} \quad \text{(公式 4-2)}$$

其中,$|T|$ 表示总事务数。如果支持度太低,则说明规则不具有一般性。

一个有效的关联规则应该具有较高的置信度和较高的支持度。如果规则支持度较高但置信度较低,则说明规则的可信度差,同时,如果规则置信度较高但支持度较低,则说明规则的应用机会很少。

定义 4-4:前项支持度测度了前项的普遍性,表示项目 X 在整个事务集中出现的概率,其数学表示为:

$$S_X = \frac{|T(X)|}{|T|} \quad \text{(公式 4-3)}$$

定义 4-5:后项支持度测度了后项的普遍性,表示项目 Y 在整个事务集中出现的概率,其数学表示为:

$$S_Y = \frac{|T(Y)|}{|T|} \quad \text{(公式 4-4)}$$

规则置信度和规则支持度能用来评价一条关联规则的有效性,但并不能衡量其是否具有实用性和实际意义,因此,以下引入评价关联规则实用性的测度指标。

定义 4-6：**规则提升度**(Lift)是规则置信度与后项支持度之比，其数学表示为：

$$L_{X \to Y} = \frac{C_{X \to Y}}{S_Y} = \frac{|T(X \cap Y)|}{|T(X)|} \div \frac{|T(Y)|}{|T|} \qquad (公式 4-5)$$

规则提升度反映了项目 X 的出现对项目 Y 出现的影响程度，一般大于1才有意义，意味着 X 的出现对 Y 的出现有促进作用，规则提升度越大越好。

定义 4-7：**置信差**(Confidence Difference)是规则置信度与后项支持度的绝对差，其数学表示为：

$$D = |C_{X \to Y} - S_Y| \qquad (公式 4-6)$$

如果置信差的值较小，说明学习所获得的关联规则提供的信息量并不高，该关联规则的意义也不大，因此，置信差应高于某个最小值，所得到的关联规则才有意义。

定义 4-8：**置信率**(Confidence Ratio)的数学表示为：

$$R = 1 - \min(\frac{C_{X \to Y}}{S_Y}, \frac{S_Y}{C_{X \to Y}}) \qquad (公式 4-7)$$

其中，括号中的第一项为规则提升度，第二项为规则提升度的倒数，由于提升度应越大越好，所以，R 也是越大越好。类似置信差，置信率也应高于某个最小值，所得到的关联规则才有意义。置信率适合对稀疏样本数据的分析。

定义 4-9：**正态卡方**(Normalized Chi-square)从分析前项与后项的统计相关性角度评价规则的有效性，其数学表示为：

$$N = \frac{(S_X S_Y - S_{X \to Y})^2}{S_X S_X S_Y S_Y} \qquad (公式 4-8)$$

当项目 X 与项目 Y 独立时，$S_X S_Y = S_{X \to Y}$，N 为0，当项目 X 与项目 Y 完全相关时，N 为1。因此，N 越接近1说明前项和后项的关联性越强。同样，正态卡方应高于某个最小值，所得到的关联规则才有意义。

定义 4-10：**信息差**(Information Difference)是在相对熵(Relative Entropy)的基础上计算出来的，在 Shannon 的信息论中占有非常重要的地位。该指标主要用于度量两个概率分布间的差异性。设 $P = (p_1, p_2, \cdots\cdots, p_n)$、$Q = (q_1, q_2, \cdots\cdots, q_n)$ 是两个离散型随机变量的概率分布，则 $D(P \| Q)$ 称为 P 对 Q 的交互熵或 P 对 Q 的信息差，其数学表示为：

$$E = D(P \| Q) = \sum_{i=1}^{n} p_i \log_2 \frac{p_i}{q_i} \qquad (公式 4-9)$$

在评价关联规则实用性的时候，P 即前项 X 与后项 Y 组成的二维随机变量 (X, Y) 的实际概率分布，而 Q 即假设 X 与 Y 独立情况下 (X, Y) 的概率分布。

信息差越大说明实际前后项的关联性越强,同样,信息差应高于某个最小值,所得到的关联规则才有意义。

以上讨论了验证关联规则有效性和实用性的多个指标,在针对具体研究问题的时候,要从所研究问题的实际出发,有选择地合理运用这些评价指标。

4.2.2 Apriori 算法

Apriori 算法由 Agrawal 和 Srikant 于 1994 年最早提出,后来经过不断发展和完善,现在已经成为数据挖掘中关联规则分析技术的核心算法。该算法的特点如下:(1) 只能处理分类型变量,不能处理数值型变量;(2) 数据可以按事务表方式存储,也可以按事实表方式存储;(3) 算法分为两步,首先产生频繁项集,然后基于频繁项集产生关联规则。

定义 4-11:频繁项集是指,项集 C 中包含项目 A,如果 A 的支持度大于等于用户指定的最小支持度,即

$$\frac{|T(A)|}{|T|} \geqslant S_{min} \quad \text{(公式 4-10)}$$

则称 C 为频繁项集。包含 1 个项目的频繁项集称为频繁 1-项集,记为 L_1,包含 k 个项目的频繁项集称为频繁 k-项集,记为 L_k。

确定频繁项集的目的是为了确保后续生成的关联规则是在具有普遍代表性的项集上生成的。

Apriori 算法依据自底向上的策略寻找频繁项集,寻找的过程是一个不断迭代的过程,每次迭代包含两个步骤:(1) 产生候选集 C_k,即有可能成为频繁项集的项目集合;(2) 基于候选集 C_k,计算支持度并确定频繁项集 L_k。

◆ Apriori 算法寻找频繁项集的方法如下:

(1) 第一次迭代过程中,所有 1-项集构成 C_1,然后计算 C_1 中所有 1-项集的支持度,支持度大于等于用户指定的最小支持度阈值的 1-项集被选中成为频繁 1-项集 L_1。对于没有成为频繁项集的其他 1-项集,根据上述基本原则,包含它们的其他多项集不可能成为频繁项集,因此,后续不必再考虑。

(2) 第二次迭代过程在 L_1 基础上进行。通过 $L_k \times L_k$ 产生候选集 C_2,计算 C_2 中所有 2-项集的支持度,支持度大于等于用户指定的最小支持度阈值的 2-项集被选中成为频繁 2-项集 L_2。

(3) 重复上述过程,直到无法再产生候选项集为止。

◆ 依据频繁项集产生关联规则:

对每个频繁项集 L,计算 L 所有非空子集 L' 的置信度,即

$$C_{L'\to(L-L')} = \frac{|T(L)|}{|T(L')|} = \frac{S(L)}{S(L')} \qquad \text{(公式 4-11)}$$

如果 $C_{L'\to(L-L')}$ 大于等于用户指定的最小置信度阈值,则生成关联规则 $L' \to (L-L')$。

4.2.3 GRI算法

GRI(Generalized Rule Induction)算法于1992年由Smyth和Goodman提出,可用于关联分析。与Apriori算法相比较,该算法有如下特点:(1) 规则的前项可以是数值型变量,后项依然是分类型变量;(2) 数据只能按照事实表方式存储;(3) 采用深度优先搜索(Depth First Search)策略实现算法。

GRI算法从后项入手,逐个分析后项,在分析每个后项的时候,逐个分析后项所包含的具体类别(在本研究中,动词作为后项取0和1两个值,因此有2个类别),在分析每个类别的时候,逐个分析前项,在分析每个前项的时候,逐个分析前项所包含的类别(前项若是0-1型的分类数据,类别数为2;前项若是数值型数据,按照一定规则分成2个类别)。

假设:有 m 个后项,记为 Y,第 i 个后项 Y_i 有2个类别;有 n 个前项,记为 X,第 k 个前项 X_k 有2个类别。

则GRI算法过程的程序描述参见图4-2。

```
For i = 1 to m        //循环 m 个后项
  For j = 1 to 2      //循环第 i 个后项 Y_i 的两个类别
    For k = 1 to n    //循环第 i 个后项 Y_i 的第 j 个类别的 n 个前项
      For l = 1 to 2  //对第 i 个后项 Y_i 的第 j 个类别的第 k 个前项 X_k 的 2 个类别
        计算 X_k 为第 1 个类别时的 J-值
        If J-值大于相同输出下 J-值的最大值
        Or  规则数目小于指定生成的规则数目且支持度和置信度均大于阈值
        Then  生成一条推理规则
        End If
      End For
    End For
  End For
End For
```

图4-2 GRI算法的具体过程

由上述程序描述可以清晰地看到GRI算法通过4重循环实现。如果前项是分类型变量,可以直接计算出J-值;如果前项是数值型变量,则需要通过不断尝试寻找最佳的J-值和此时的分组情况,最佳的J-值应使得前项对后项的影响最明显,因为由此生成的关联规则才可能有效。

下面以具体例子来说明 J-值的计算问题。因为本研究在进行关联规则分析时,前项和后项均为分类型数据,因此,下面以分类型数据来说明。

表 4-1　GRI 算法说明示例图

		Y(检索)		概率
		1	0	
X(数字图书馆)	组 1(取值 1)	$p(y\|x)$	$1-p(y\|x)$	$p(x)$
	组 2(取值 0)			$1-p(x)$
概率		$p(y)$	$1-p(y)$	1

在表 4-1 中,$p(x)$ 为"数字图书馆"取值 1 的概率,$p(y)$ 为"检索"取值 1 的概率,$p(y|x)$ 为"数字图书馆"取值 1 时"检索"取值 1 的条件概率,则 J-值的数学表示为:

$$J(y|x) = p(x)\left[p(y|x)\log\frac{p(y|x)}{p(y)} + (1-p(y|x))\log\frac{1-p(y|x)}{1-p(y)}\right]$$

(公式 4-12)

J-值反映的是"数字图书馆"作为条件时"检索"的条件概率分布与不考虑"数字图书馆"时"检索"的概率分布之间差异,J-值的大小反映了前项对后项的影响程度。

4.3　关联术语对的抽取

在本研究中,术语的非分类关系被限定为<术语 a,动词,术语 b>的三元组形式。这样的关系更可能出现在一个句子中,术语 a 作为主语,动词作为谓语,术语 b 作为宾语。因此,笔者从"数字图书馆"学科领域 6446 篇研究文献中提取出摘要部分,将其切分为句子,以这些句子作为数据基础,试图从中抽取学科术语的非分类关系及其标签。具有非分类关系的两个术语应该具有较强的关联关系,因此,笔者将采用关联规则分析方法来抽取这些关联术语对。

4.3.1　句子×术语向量空间模型构建

笔者对 6446 篇非结构化文档的摘要以",""。"和";"作为切分标记进行句子切分,共获得 28094 个句子。如果术语 a、动词、术语 b 的长度均取最小值 2,则句子长度最小值为 6,这样的句子中才有可能抽取出术语的非分类关系。因此,笔者剔除了句子长度小于 6 的那些句子,共获得 27056 个句子。

以学科术语集为用户词典,对 27056 个句子利用 NLPIR 中文分词工具进行分词,共获得 61114 个句子术语关联关系。那些只含有 1 个术语的句子,不能从中抽取出关联术语对,因此,将其剔除,获得 16608 个句子,涉及术语 911 个。笔者以这些句子作为后续分析的实验语料。

以这 16608 个句子及其所包含的术语作为数据基础,笔者构建了用来抽取术语非分类关系的 16608 行×911 列的句子×术语向量空间模型。该模型是一个 0-1 型数值矩阵,如果句子中包含某个术语,则相应的位置上取值为 1,否则取值为 0。

4.3.2 关联术语对的抽取

本小节将运用基于 Apriori 算法的关联规则分析方法,借助数据挖掘工具 Clementine 从句子×术语向量空间模型中抽取关联术语对<术语 a,术语 b>。把所有 16608 个句子看成事务集,而每个句子中包含的术语则是该事务所包含的项目。如果术语 a 与术语 b 在整个事务集中具有一定的共现次数,且术语 b 在术语 a 出现的情况下出现了较多次,则认为这样的两个术语具有有效的关联关系。这里引入评价关联规则有效性的指标:规则置信度 $C_{X \to Y}$ 和规则支持度 $S_{X \to Y}$。

进一步,针对具有有效关联关系的术语 a 与术语 b:

(1) 如果术语 b 在术语 a 中出现的密集程度比它在整个事务集中出现的密集程度还要大,则认为术语 a 与术语 b 的关联关系不仅有效,而且具有实际意义,即具备实用性。这里引入评价关联规则实用性的指标:规则提升度(Lift)和置信率(R)。

(2) 记术语 a 为 X,术语 b 为 Y,可以构建二维随机变量 (X,Y),从而计算 X 与 Y 之间的统计相关性,如果统计相关性高于某个数值,则认为术语 a 与术语 b 的关联关系不仅有效,而且具有实际意义,即具备实用性。这里引入评价关联规则实用性的指标:正态卡方(N)。

(3) 对于上述(2)中的二维随机变量 (X,Y),计算 X 与 Y 独立情况下 (X,Y) 概率分布的信息熵 Ent1、(X,Y) 实际概率分布的信息熵 Ent2,并求得它们的差 $E = \text{Ent1} - \text{Ent2}$,如果 E 大于某个数值,则认为术语 a 与术语 b 的关联关系不仅有效,而且具有实际意义,即具备实用性。这里引入评价关联规则实用性的指标:信息差(E)。

所以,从句子×术语向量空间模型抽取术语对<术语 a,术语 b>,其中术语 a 与术语 b 的关联关系不仅需要具备有效性,还必须具备实用性。

关联规则分析是一种无监督的学习方法，评价关联规则有效性和实用性的指标的阈值设置均要依靠领域专家的专业知识并结合所分析的实际问题来确定。笔者在进行关联规则分析时，对各指标阈值的取值进行了相关的尝试。

表 4-2 列出了不同规则置信度和不同规则支持度下的关联规则分析结果，规则置信度和规则支持度交叉位置单元格内的数值是在相应条件下抽取到的关联规则数目。

表 4-2　基于 Apriori 算法不同规则置信度和规则支持度下的关联分析结果

		规则支持度									
		≥0%	≥0.01%	≥0.02%	≥0.03%	≥0.04%	≥0.05%	≥0.06%	≥0.07%	≥0.08%	≥0.09%
规则置信度	≥20%	3079	1879	987	772	536	414	385	259	213	194
	≥30%	1441	**971**	582	468	322	247	228	122	94	85
	≥40%	840	599	377	307	220	174	163	68	48	42
	≥50%	609	368	242	201	147	119	114	35	23	19
	≥60%	273	220	152	137	101	83	83	17	10	7
	≥70%	189	136	107	102	79	69	69	12	6	4
	≥80%	143	90	70	65	54	49	49	7	3	2
	≥90%	120	67	47	45	37	34	34	3	2	1

观察表 4-2 中的数据，规则置信度与规则支持度的取值从左上角至右下角越来越趋于严格，相应地，所抽取到的关联规则也越来越少。规则支持度这一指标的取值均比较低，这与数据的特点有关：(1) 参与关联规则分析的数据来自摘要中的句子，是较短小的，这也决定了每个句子所包含术语的数目较少，因此，术语共现频数较低；(2) 作为事务的句子数目较大。这两个原因导致了规则支持度的值较低。由此，在本研究中，规则置信度的阈值可正常取值，而规则支持度的阈值应取较小的值。

经过对不同规则置信度和规则支持度下结果的观察，结合领域专家的意见，并考虑规则置信度和规则支持度的取值，笔者最终选定了规则置信度大于等于 30% 且规则支持度大于等于 0.01% 取值条件下的分析结果，共得到 971 条有效的关联规则。规则置信度大于等于 30% 表明后项在前项中出现的概率大于等于 30%，规则支持度大于等于 0.01% 表明前项和后项在整个事务集中共现了至少 2 次。这些关联规则共涉及术语 658 个。

表 4-3 列出了规则置信度 $C_{X \to Y} \geqslant 30\%$ 且规则支持度 $S_{X \to Y} \geqslant 0.01\%$ 的部分关联规则，以规则置信度降序排列。

表 4-3 基于 Apriori 算法关联规则抽取结果片段

序号	前项	后项	规则置信度（%）	规则支持度（%）	前项支持度（%）	后项支持度（%）
1	引文分析	数字典藏	100.000	0.012	0.012	0.060
2	宏观管理	数字图书馆	90.476	0.114	0.126	0.131
3	归档系统	数字信息	85.714	0.036	0.042	0.141
4	知识自由	信息公平	83.333	0.06	0.072	0.157
5	个性化推荐系统	数字图书馆	77.778	0.042	0.054	0.196
6	CSSCI	数字图书馆	75.000	0.018	0.024	0.285
7	数字加工	文献资源	66.667	0.012	0.018	0.470
8	继续教育	馆员	60.714	0.102	0.169	0.735
9	数字化管理	复合图书馆	55.556	0.03	0.054	1.144
10	主题词表	分类法	53.846	0.042	0.078	1.221

在上文中,笔者提到评价一条关联规则的时候,除了要评价它的有效性,还必须看这条关联规则是否具有实用性,即有没有实际意义,这是非常重要的,这个工作可以通过考察关联规则的几个指标来完成。

◆ 运用规则提升度(Lift)判断规则的实用性

规则提升度(Lift)是评价关联规则实用性的一个指标。该指标的指导思想是:如果后项 Y 在前项 X 中比在整个事务集中更密集地出现,说明前项对后项来说是与众不同的,具有特殊的意义,此时两者具有实际意义上的关联关系。因此,该指标用一个比值来计算:$\dfrac{P(Y|X)}{P(Y)}$,其中 $P(Y|X)$ 表示后项 Y 在前项 X 中出现的概率,$P(Y)$ 表示后项 Y 在整个事务集中出现的概率。该比值也可以表示为:$\dfrac{C_{X\to Y}}{S_Y}$。当此比值大于 1 时,说明后项 Y 在前项 X 中比在整个事务集中更密集地出现,且此比值越大说明两者的关联关系越强。对于那些置信度较高的关联规则,虽然具有有效性,但是很有可能出现后项支持度 S_Y 大于等于规则置信度 $C_{X\to Y}$ 的情况,因此,有必要利用评价关联规则实用性的指标对其进行筛选,剔除那些没有实际意义的关联规则。规则提升度便是评价关联规则实用性指标的一种。

在抽取到的 971 条有效关联规则中,规则提升度的最小值是 1.11,最大值是 4152.00,平均值是 125.53。最小值是 1.11 表明所有的规则提升度均大于 1,说明后项在前项中出现的概率大于后项在整个事务集中出现的概率,这样的规则有一定的实际意义。所有规则提升度的取值情况参见表4-4。

表4-4 规则提升度取值频数分布

规则提升度	规则数	频率(%)	累积规则数	累积频率(%)	规则提升度	规则数	频率(%)	累积规则数	累积频率(%)
(1000, 4152)	39	4.02	39	4.02	(20, 50]	126	12.98	370	38.11
(500, 1000]	48	4.94	87	8.96	(10, 20]	70	7.21	440	45.31
(200, 500]	37	3.81	124	12.77	(5, 10]	139	14.32	579	59.63
(100, 200]	53	5.46	177	18.23	(2, 5]	200	20.60	779	80.23
(50, 100]	67	6.90	244	25.13	(1, 2]	192	19.77	971	

从表4-4中的数据可以看出，规则提升度值的取值范围很广，说明规则置信度与后项支持度取值的差异性较大，这是由数据的稀疏性导致的。在本研究中，有些后项Y在整个事务集中覆盖的范围很小，出现的频数很低，这就导致了这些后项的支持度取值较低，进一步会导致规则提升度的值很高。规则提升度取值范围太大会给筛选关联规则带来困扰，而且不同的样本数据会有不同的取值范围。为了解决这个问题，可以对规则提升度值进行变换，将其标准化。这里引入置信率(R)这一指标，它把规则提升度的值压缩在[0,1]区间内。

◆ 运用置信率(R)判断规则的实用性

置信率(R)是由规则提升度(Lift)转变而来，取值范围是[0,1]区间，它更适合对稀疏样本的分析。笔者对971条关联规则的置信率进行了计算，最小值为0.0991，最大值为0.9998。表4-5列出了971条有效关联规则的置信率取值的频数分布。

表4-5 规则置信率取值的频数分布

置信率	规则数	频率(%)	累积规则数	累积频率(%)	置信率	规则数	频率(%)	累积规则数	累积频率(%)
[0.9,1)	440	45.31	440	45.31	[0.4,0.5)	42	4.33	821	84.55
[0.8,0.9)	139	14.32	579	59.63	[0.3,0.4)	57	5.87	878	90.42
[0.7,0.8)	102	10.50	681	70.13	[0.2,0.3)	37	3.81	915	94.23
[0.6,0.7)	64	6.59	745	76.73	[0.1,0.2)	52	5.36	967	99.59
[0.5,0.6)	34	3.50	779	80.23	[0,0.1)	4	0.41	971	100.00

领域专家在设定置信率阈值的时候，可以根据实际问题的具体情况确定，在本研究中，笔者将置信率的阈值设定为0.5，选取置信率大于等于0.5的那些关联规则，此时，相应的规则提升度均大于等于2。经过这样筛选后，共得到779

条关联规则,涉及术语 568 个。

表 4-6 列出了部分被剔除的关联规则,以置信率升序排列。

表 4-6　部分置信率小于 0.5 的关联规则

规则 ID	前项	后项	规则置信度（%）	规则支持度（%）	规则提升度	规则置信率
4864	流媒体技术	数字图书馆	30.000	0.036	1.110	0.0991
6902	搜索引擎	数字图书馆	31.884	0.132	1.180	0.1525
1081	移动代理	数字图书馆	33.333	0.012	1.234	0.1896
5621	多媒体信息	数字图书馆	35.000	0.042	1.295	0.2278
5483	网络安全	数字图书馆	38.095	0.048	1.410	0.2908
684	水印技术	数字图书馆	40.000	0.012	1.481	0.3248
2427	防火墙	数字图书馆	42.857	0.018	1.586	0.3695
4888	云服务	数字图书馆	44.444	0.048	1.645	0.3921
5984	开源软件	数字图书馆	46.429	0.078	1.718	0.4179
1060	语义网服务	数字图书馆	50.000	0.018	1.851	0.4598

表 4-6 中被剔除的关联规则的后项均为"数字图书馆",事实上,被剔除的所有置信率小于 0.5 的 192 条规则的后项均为"数字图书馆",说明"数字图书馆"并没有在这些前项中更频繁地出现。笔者在检索"数字图书馆"学科领域文献的时候,是以"数字图书馆"为主题词进行检索的,这也决定了"数字图书馆"这一术语在整个事务集中的频繁出现。共有 4487 个事务中含有"数字图书馆",它的后项支持率是 27.02%,可以认为所有其他术语均和"数字图书馆"有一定的关联关系,这在检索时就已经决定了。想要与"数字图书馆"有更密切的关系,则条件更加苛刻,要求当前项出现的时候,"数字图书馆"要以更高的概率在前项中出现。从领域专家的角度观察表 4-6 中的关联规则,事实上前项与后项两者间的关联关系较弱。

笔者在 4.2.1 节中还提到另外一个由规则置信度 $C_{X \rightarrow Y}$ 和后项支持度 S_Y 产生的评价关联规则实用性的指标:置信差,它的取值是 $C_{X \rightarrow Y}$ 与 S_Y 差的绝对值。该指标是一个绝对指标,因此,对于本研究中这样稀疏的数据,没有置信率合适。

◆ 运用正态卡方(N)判断关联规则的实用性

正态卡方评价指标的指导思想是:把前项 X 和后项 Y 组合在一起看成一个二维随机变量 (X,Y),如果 X 与 Y 的统计相关性大,则表明 X 与 Y 之间的关联关系较强,反之,如果 X 与 Y 的统计相关性小,则表明 X 与 Y 之间的关联关系较弱。正态卡方通过对前项支持度 S_X、后项支持度 S_Y 和规则支持度 $S_{X \rightarrow Y}$ 这 3 个指标的联合计算测度 X 与 Y 的统计相关性,参见公式 4-8,指标取值区间是[0,1]。正态卡方值越接近 1,则前项和后项的关联性越强,正态卡方值越接近 0,则关联性越弱。因此,可以依据正态卡方值的大小来判断前项和后项关联关系的强弱。

笔者对经过规则提升度和置信率筛选后得到的 779 条关联规则进行了正态卡方值的计算,其中最大值为 1,最小值为 0.0001。大部分的正态卡方值取值较小,这跟数据特点有关。因为数据较稀疏,前项支持度 S_X 和后项支持度 S_Y 的取值普遍较小,因此,公式 4-13 中的最右项取值较小,而正态卡方的值小于该值,所以正态卡方的值普遍较小。虽然取值较小,我们仍可以依据值的排序对关联规则进行筛选。

$$N = \frac{(S_X S_Y - S_{X \to Y})^2}{S_X \overline{S_X} S_Y \overline{S_Y}} \leqslant \frac{(S_X S_Y)^2}{S_X \overline{S_X} S_Y \overline{S_Y}} = \frac{S_X S_Y}{\overline{S_X} \overline{S_Y}} = \frac{S_X S_Y}{(1-S_X)(1-S_X)}$$

(公式 4-13)

表 4-7 列出了正态卡方取值的频数分布情况。

表 4-7 关联规则正态卡方取值的频数分布

正态卡方	规则数	频率(%)	累积规则数	累积频率(%)	正态卡方	规则数	频率(%)	累积规则数	累积频率(%)
1	8	1.03	8	1.03	[0.005, 0.01)	75	9.63	336	43.13
[0.5, 1)	22	2.82	30	3.85	[0.001, 0.005)	249	31.96	585	75.10
[0.1, 0.5)	66	8.47	96	12.32	[0.0005, 0.001)	98	12.58	683	87.68
[0.05, 0.1)	39	5.01	135	17.33	[0.0001, 0.0005)	96	12.32	779	100.00
[0.01, 0.05)	126	16.17	261	33.50					

由表 4-7 可知,有 8 个关联规则的正态卡方值为 1,其中包括"社会阅读"→"图书馆法治"(0.06%,100.00%)和"图书馆法治"→"社会阅读"(0.06%,100.00%)。可以看到,这两条关联规则的置信度均为 100.00%,取值相同,前条规则的 100.00%置信度说明"社会阅读"出现的时候必出现"图书馆法治",同理,后条规则的 100.00%置信度说明"图书馆法治"出现的时候也必出现"社会阅读"。因此,这两个术语在文档中要么不出现,要么一起出现,它们具有最强的关联关系,其他 6 条规则也是类似的情况。规则支持度为 0.06%,说明术语"社会阅读"和"图书馆法治"在整个事务集中共现了 10 次。

笔者进一步对正态卡方取值较小的关联规则进行了观察,从 779 条关联规则中选取了正态卡方值小于 0.0005 的部分规则,以正态卡方值升序排列,参见表 4-8。

表 4-8 正态卡方取值较小的部分关联规则

规则 ID	前项	后项	规则置信度(%)	规则支持度(%)	规则提升度	规则置信率	正态卡方
714	知识资本	图书馆	33.333	0.012	2.559	0.6092	0.00013
2923	知识转化	图书馆	30.000	0.018	2.303	0.5658	0.00015
2657	数字地球	图书馆	30.000	0.018	2.303	0.5658	0.00015
4178	信息政策	数字图书馆	60.000	0.018	2.221	0.5498	0.00017
1148	客户关系管理	数字图书馆	60.000	0.018	2.221	0.5498	0.00017
3136	句柄	数字图书馆	57.143	0.024	2.115	0.5272	0.00019
3938	推拉技术	图书馆	33.333	0.018	2.559	0.6092	0.00020
1530	业务外包	图书馆	33.333	0.018	2.559	0.6092	0.00020
3167	开放源代码	数字图书馆	55.556	0.030	2.056	0.5136	0.00022
3245	信息网格	数字图书馆	55.556	0.030	2.056	0.5136	0.00022

观察表 4-8 中的数据，发现正态卡方取值较小的时候，规则提升度和规则置信率的取值也较小。所有规则提升度的最大值为 2.559，由表 4-4（规则提升度取值频数分布）可知，该值落在倒数第 2 个取值区间内，取值较小。所有规则置信率的最大值为 0.6092，在 779 条置信率大于等于 0.5 的规则中，这个取值也是较小的。笔者也对所有规则的正态卡方与提升度、置信率间的关系进行了考察，结果表明，正态卡方与规则提升度和规则置信率并不冲突，可以依据其取值的排序来评价关联关系的强弱。

◆ 运用信息差（E）判断关联规则的实用性

信息差这一评价关联规则实用性指标的指导思想是：把前项 X 和后项 Y 组合在一起看成一个二维随机变量 (X,Y)，测度 (X,Y) 真实分布与假设 X、Y 独立情况下 (X,Y) 分布这两个概率分布的差异。如果差异大，则表明 X 与 Y 间的关系紧密，反之，如果差异小，则表明 X 与 Y 之间的关系较弱。

该指标来源于信息论中的相对熵（Relative Entropy）概念，又称为 KL 散度（Kullback-Leibler Divergence）或信息增益（Information Gain）。相对熵 $D(P \parallel Q)$ 度量的是用 Q 分布来拟合 P 分布时产生的信息损耗，它的取值是似然比的对数期望[1]，参见公式 4-9。

假设 r 为关联规则的支持度，a 为前项支持度，c 为后项支持度，则 X、Y 的真实概率分布和假定它们独立情况下的概率分布如表 4-9 所示。

---

[1] Cover H M, Thomas J A. 信息论基础[M]. 阮吉寿，张华，译. 北京：机械工业出版社，2005.

表 4-9 前项 X 与后项 Y 的联合概率分布

		Y 1	Y 0	概率
X	1	r ac	$a-r$ $a(1-c)$	a
X	0	$c-r$ $(1-a)c$	$1-(a+c-r)$ $(1-a)(1-c)$	$1-a$
	概率	c	$1-c$	1

表 4-9 中,中间 4 个交叉单元格的第一行数据为 (X,Y) 的实际概率分布,第二行数据为假设 X、Y 独立条件下 (X,Y) 的概率分布。根据公式 4-9,两个概率分布的信息差为:

$$E=\frac{r\log\frac{r}{ac}+(a-r)\log(\frac{a-r}{a(1-c)})+(c-r)\log(\frac{c-r}{(1-a)c})+(1-a-c+r)\log(\frac{1-a-c+r}{(1-a)(1-c)})}{\log(2)}$$

(公式 4-14)

笔者根据公式 4-14 计算了所有 779 条关联规则的信息差,其中最大值为 0.01283,最小值为 0.00007。所有信息差取值的频数分布如表 4-10 所示。

表 4-10 关联规则信息差值的频数分布

信息差	规则数	频率(%)	累积规则数	累积频率(%)	信息差	规则数	频率(%)	累积规则数	累积频率(%)
[0.01, 0.02)	4	0.51	4	0.51	[0.0005, 0.001)	224	28.75	487	62.52
[0.005, 0.01)	66	8.47	70	8.99	[0.0002, 0.0005)	214	27.47	701	89.99
[0.002, 0.005)	65	8.34	135	17.33	[0, 0.0002)	78	10.01	779	100.00
[0.001, 0.002)	128	16.43	263	33.76					

为了对信息差取值较小的关联规则进行观察,笔者从信息差小于 0.0002 的规则中抽取了部分结果,以信息差升序排列,如表 4-11 所示。

表 4-11 信息差取值较小的关联规则

规则 ID	前项	后项	规则支持度(%)	规则置信度(%)	提升度	置信率	正态卡方	信息差
714	知识资本	图书馆	33.333	0.012	2.559	0.6092	0.00013	0.00007
2923	知识转化	图书馆	30.000	0.018	2.303	0.5658	0.00015	0.00009
2657	数字地球	图书馆	30.000	0.018	2.303	0.5658	0.00015	0.00009

第4章　学科术语非分类关系抽取

续　表

规则ID	前项	后项	规则支持度(%)	规则置信度(%)	提升度	置信率	正态卡方	信息差
4177	信息政策	图书馆	40.000	0.012	3.071	0.6744	0.00019	0.00010
1148	客户关系管理	数字图书馆	60.000	0.018	2.221	0.5498	0.00017	0.00010
3938	推拉技术	图书馆	33.333	0.018	2.559	0.6092	0.00020	0.00011
1530	业务外包	图书馆	33.333	0.018	2.559	0.6092	0.00020	0.00011
3136	句柄	数字图书馆	57.143	0.024	2.115	0.5272	0.00019	0.00012
3245	信息网格	数字图书馆	55.556	0.030	2.056	0.5136	0.00022	0.00014
3167	开放源代码	数字图书馆	55.556	0.030	2.056	0.5136	0.00022	0.00014

可以发现表4-11与表4-8中的前项和后项基本相同,只有个别行有差异,这个现象说明了信息差和正态卡方这两个评价指标在这些关联规则上具有较高的一致性。推广到所有关联规则,笔者对这两个评价指标进行了相关性分析,结果表明,这两个指标具有统计学意义上的显著相关性。因此,在评价关联规则实用性的时候,可以结合规则提升度、规则置信率、正态卡方和信息差这些指标对关联规则进行筛选。

针对表4-11中的关联规则,综合提升度、置信率、正态卡方和信息差这4个指标来考虑它们的实用性。所有规则的提升度最大为3.071,由表4-4(规则提升度取值频数分布)可知,取值在倒数第2个区间,这个取值是属于比较小的。所有规则的置信率最大为0.6744,在笔者设定的阈值范围[0.5,+∞)内,取值也较小。所有规则的正态卡方最大为0.00022,由表4-7(关联规则正态卡方取值的频数分布)可知,取值在倒数第1个区间,取值很小。所有规则的信息差取值均在表4-10(关联规则信息差值的频数分布)中的倒数第1个区间,取值很小。综合以上4个指标,可以认为这些关联规则的实用性相比其他的关联规则均比较小,规则的实际意义较小。

最终,笔者结合以上4个评价关联规则实用性指标的取值以及对具体关联规则的实际观察,共抽取了779个具有关联关系的术语对,共涉及术语568个,表4-12列出了部分关联术语对。

表4-12　基于Apriori算法关联规则分析抽取的关联术语对片段

术语a	术语b	术语a	术语b	术语a	术语b
社会阅读	图书馆法治	智能图书馆	主动信息服务	电子图书	内容格式
数字典藏	引文分析	风险管理	风险识别	知识发现	信息发现

续 表

术语a	术语b	术语a	术语b	术语a	术语b
动态定制	网络服务组合	书目数据库	古籍数字化	档案馆	非物质文化遗产
社会阅读	知识自由	信息用户	客户关系管理	全文检索	系统架构
语义网服务	OWL-S	知识社区	后数字图书馆	检索技术	系统集成
FCSAN	IPSAN	分类法	主题词表	古籍	书目数据库
信息公平	知识自由	3G	移动服务	推荐系统	协同过滤
网络信息组织	自主型学习	流媒体	复合数字对象	信息安全	风险评估
文献计量	内容分析	运行机制	知识市场	数据库建设	网络平台
智能图书馆	普适计算	图书情报学	引文分析法	数据挖掘	关联规则

4.4 学科领域动词的抽取

在自然语言处理领域，一般认为，动词是句子中最能表达关系的信息。基于这样的认识，动词可以用来作为标记同一句子中术语间非分类关系的标签，形成＜术语a,动词,术语b＞这样的三元组关系。例如，＜数字图书馆,构建,数字空间＞、＜专家系统,组织,知识＞。笔者在 4.3 节已经抽取了关联术语对，作为候选非分类关系术语对。为了获得标记术语非分类关系的动词，还需要分析这些术语对与动词词汇间的关联关系。如果某个术语对与某个动词在以句子为事务集时具有较强的关联关系，则可以把这个动词分配给该术语对，用作非分类关系的标签。因此，在本节，笔者将运用相关方法从句子语料中抽取学科领域动词。

笔者首先利用 NLPIR 中文分词工具对句子语料进行词性标注分词，抽取其中的动词；其次对这些动词进行停用词处理、单字词汇处理以及基于 VF-ICF (Verb Frequency-Inverse Concept Frequency)指标的筛选，从而获得学科领域动词。

4.4.1 NLPIR 词性标注分词

要从学科领域非结构化文本中抽取动词，必须首先知道文本中哪些词汇是动词，这就需要对文本进行词性标注。因为 NLPIR 中文分词工具具备词性标注功能，笔者仍然利用它来进行相关操作，可以较便捷地抽取出语料中所包含的动词词汇。

把 911 个学科术语导入用户词典，NLPIR 将基于此词典对 16608 个句子进行词性标注分词。每个句子的分词结果如第 3 章中表 3-3 所示。语料经过分词后,共得到 47060 个动词词汇。这些动词包括及物动词 v、名动词 vn、副动词 vd、趋向动词 vf、动词性语素 vg、不及物动词 vi、动词性惯用语 vl、是动词 vshi、有动词 vyou、形式动词 vx。这些动词词汇的具体分布情况如表 4-13 所示。

表 4-13　句子语料中动词词汇的分布情况

动词类型	频数	百分比(%)	动词类型	频数	百分比(%)
v	25282	53.72	vi	1251	2.66
vn	15315	32.54	vl	140	0.30
vd	407	0.86	vshi	1794	3.81
vf	871	1.85	vyou	273	0.58
vg	383	0.81	vx	1344	2.86

4.4.2　学科领域动词的抽取

◆ 动词词汇预处理

由于用作非分类关系标签的动词必须连接两个术语,因此,笔者选择及物动词 v 作为候选学科领域动词,共 1312 个。这些动词词汇还不能直接作为学科领域动词,必须对它们进行筛选:

(1) 去停用词处理。1312 个动词词汇中去除停用词后还剩下 1249 个词汇。

(2) 去除长度为 1 的单字动词词汇。笔者经过对单字动词词汇的观察,认为这样的动词并不能很好地表达术语间的关系,用它们来标记术语的非分类关系没有实用意义,因此应该去掉这些词汇,经剔除后,还剩下 1059 个词汇。

(3) 选择在整个句子集中出现一定频数以上的那些动词词汇。在 1059 个词汇中,有 368 个词汇仅出现了 1 次,笔者认为这样低频出现的词汇的代表性较差,并不能作为术语非分类关系的标签,因此需要把这样的词汇也剔除掉,经剔除后,最终获得了 691 个候选学科领域动词。

◆ 基于 VF-ICF 筛选学科领域动词

VF-ICF(Verb Frequency-Inverse Concept Frequency)是类似于 TF-IDF 的概念,它的作用也与 TF-IDF 类似[①]。TF-IDF 主要用来度量词汇在文档集中的重要性,那些出现频数高且又出现在较多文档中的词汇,它的重要性应被拉低;而那些出现频数低但集中在少数文档中出现的词汇,它的重要性应被抬高。VF-ICF 则主要用来度量动词在概念对(术语对)中的重要性,那些出现频数高

---

① 舒万里. 中文领域本体学习中概念和关系抽取的研究[D]. 重庆:重庆大学,2012.

且与更多术语对共现的动词,它的重要性应被拉低;而那些出现频数低但仅与少数术语对共现的动词,它的重要性应被抬高。

假设 vf_j 表示动词 v_j 在句子集中出现的频数,C 表示句子集中术语对的总数目,c_j 表示在整个句子集中与动词 v_j 共现的术语对数目,则动词 v_j 的权重为:

$$w_j = vf_j \times \log\left(\frac{C}{c_j}\right) \quad \text{(公式 4-15)}$$

依据公式 4-15 可以计算出所有候选学科领域动词的权重,领域专家可以根据实际情况确定阈值 W,选取 w_j 大于等于 W 的那些动词作为学科领域动词。

笔者根据公式 4-15 对 691 个候选学科领域动词进行权重计算,表 4-14 显示了部分计算结果。

表 4-14 候选学科领域动词权重 w_j 取值片段

动词 v_j	频数 vf_j	术语对数目 C_j	权重 w_j	动词 v_j	频数 vf_j	术语对数目 C_j	权重 w_j
筹措	2	81	5.67	建立	449	3211	554.42
净化	2	69	5.81	利用	451	2664	593.46
趋同	2	69	5.81	论述	477	2401	649.21
报道	2	67	5.83	阐述	450	1879	660.37
封闭	2	67	5.83	提供	572	3611	677.13
抓取	2	49	6.10	实现	714	3810	828.59
做到	2	46	6.16	探讨	689	3201	851.70
简化	2	38	6.32	介绍	806	3584	956.76
带动	2	37	6.35	分析	850	3592	1008.17
感到	2	37	6.35	提出	1395	6640	1282.36

笔者根据实际情况选取 $W = 20$,剔除了 128 个动词,最终获得 563 个学科领域动词,这些动词是候选的术语非分类关系标签。

4.5 非分类关系标签的分配

笔者在 4.3.1 节中构建了用于抽取关联术语对的 16608 行×911 列的句子×术语向量空间模型,该模型是一个 0-1 型数值矩阵;在 4.4.2 节获得了学科领域动词 563 个。本节将基于这些数据为已获得的具备有效性和实用性的关联术语对分配标签。

首先构建用于抽取术语对与动词关联规则的数据基础,即句子 × <术语,

第4章 学科术语非分类关系抽取

动词>向量空间模型;其次运用关联规则分析方法获取术语对与动词的关联规则;然后借助相关评价指标对关联规则进行筛选,抽取具有较强有效性和实用性的关联规则;最后将关联规则中的动词作为非分类关系的标签分配给相应的术语对。术语的非分类关系<术语a,动词,术语b>必须满足以下两点:(1) 术语a与术语b之间拥有较强的关联关系;(2) <术语a,术语b>与动词之间也拥有较强的关联关系。

关联规则分析需要在事实表上进行,因此,笔者根据 16608 个句子、911 个学科术语以及 593 个学科领域动词构建了 16608 行×1504 列的事实表。事实表的行是句子,而列则是学科术语和学科动词,行列交叉位置上取值为 0 或 1。

运用 Apriori 算法进行关联规则分析的时候,以术语对为前项,动词为后项,规则置信度 $C_{X \to Y}$ 阈值设定为 10%,规则支持度 $S_{X \to Y}$ 阈值设定为 0.01%(保证术语对与动词在整个句子集中至少共现 2 次),共获得了 43913 个关联规则。在这些关联规则中,有些前项中的两个术语之间并没有关联关系。因此,需对这些关联规则进行过滤:前项中的两个术语必须具有关联关系。经过滤后,共获得 800 条关联规则。再次利用判断关联规则实用性的指标规则提升度(Lift)对规则进行筛选:Lift 必须大于等于 2。经筛选后,共获得 770 条关联规则。这些关联规则满足以下两点要求:(1) 前项中的两个术语间具有较强的关联关系;(2) 作为前项的术语对与作为后项的动词之间具有较强的关联关系。因此,这些关联规则反映了术语的非分类关系及其标签,部分结果如表 4-15 所示。

表 4-15 "数字图书馆"学科领域术语非分类关系

术语对编号	术语a	动词	术语b	置信度 $C_{X \to Y}$(%)	支持度 $S_{X \to Y}$(%)	提升度 Lift
1	数字图书馆	提出	数字空间	40.000	0.012	4.776
	数字图书馆	构建	数字空间	40.000	0.012	18.052
2	XML	实现	RDF	14.286	0.012	3.385
	XML	解决	RDF	14.286	0.012	7.962
	XML	描述	RDF	14.286	0.012	23.965
3	OAI-PMH	提出	互操作	28.571	0.012	3.411
	OAI-PMH	实现	互操作	42.857	0.018	10.154
4	数字图书馆	提出	代理技术	40.000	0.012	4.776
	数字图书馆	应用	代理技术	40.000	0.012	46.133

续　表

术语对编号	术语a	动词	术语b	置信度 $C_{X \to Y}$（%）	支持度 $S_{X \to Y}$（%）	提升度 Lift
5	图书馆	探讨	虚拟馆藏	28.571	0.012	6.887
	图书馆	处理	虚拟馆藏	28.571	0.012	105.448
	图书馆	拥有	虚拟馆藏	28.571	0.012	279.126
	图书馆	存取	虚拟馆藏	28.571	0.012	474.514
6	用户建模	提出	个性化服务	66.667	0.012	7.960
	用户建模	设计	个性化服务	66.667	0.012	147.627
7	知识构建	提出	知识服务	40.000	0.012	4.776
	知识构建	实现	知识服务	40.000	0.012	9.477
8	专家系统	提出	知识	50.000	0.012	5.970
	专家系统	采用	知识	75.000	0.018	73.704
	专家系统	组织	知识	75.000	0.018	197.714
9	图书馆	使用	版权法	40.000	0.012	28.512
10	数字图书馆	提供	个性化服务	14.286	0.066	4.244

因为判断关联规则有效性和实用性时对相关评价指标阈值的设定完全由术语非分类关系构建者决定，因此具有一定的主观性。构建者应在充分了解领域术语特点以及语料特征的基础上，进行合理的设定。

4.6　与现有方法及技术的对比

目前，从领域非结构化文本中抽取领域术语非分类关系的研究较少，采取的主要的方法有：(1) 基于词汇—句法模式的方法；(2) 基于句法分析的方法；(3) 基于关联规则的方法。第(1)种方法必须人工制定获取模板，因此获取到的非分类关系受制于模板的准确性和完备性。第(2)种方法要求对句法进行分析，由于中文语法句法的复杂性，实现较为困难。第(3)种方法目前主要用来获取具有非分类关系的术语对。

本研究通过构建句子×术语向量空间模型和句子×<术语,动词>向量空间模型，运用两重关联规则分析方法不仅抽取了学科领域术语的非分类关系，而且抽取了关系的标签，并对抽取的非分类关系进行了有效性和实用性的验证，提高了抽取的准确率。

4.7 本章小结

本章主要探讨了如何从学科领域非结构化文本中抽取学科领域术语的非分类关系及其标签。

(1) 论述了关联规则的含义以及评价关联规则有效性和实用性的相关指标,这些指标包括:规则支持度、规则置信度、提升度、置信率、正态卡方、信息差等。

(2) 构建了句子×术语向量空间模型,运用关联规则分析方法抽取了前后项分别为术语的关联规则,并利用评价关联规则有效性和实用性的相关指标对关联规则进行了筛选,构建了候选非分类关系术语对集合。

(3) 运用 NLPIR 中文分词工具的词性标注分词抽取语料中的动词,并进行去停用词等筛选操作,最后经过 VF-ICF 计算获得学科领域动词。

(4) 构建句子×<术语,动词>向量空间模型,再次运用关联规则分析方法抽取以术语对作为前项、动词作为后项的关联规则,并把动词赋给相应的术语对作为非分类关系的标签。

本章最后对所采用的抽取学科领域术语非分类关系的方法与其他的方法进行了理论上的对比分析,说明了所采用方法的优势所在。

第 5 章　学科术语本体的描述和存储

对于学科领域本体中的术语、术语分类关系以及术语非分类关系这些重要的本体元素，应采用合适的本体描述语言对它们进行逻辑描述，进而采用相关的方法和技术对它们进行合理高效的存储，从而为本体的进一步应用和可视化展示奠定基础。本章首先选择网络本体语言 OWL 对学科术语本体元素进行逻辑描述，进而基于关系数据库设计本体存储模式来对本体元素进行存储。

5.1　本体的逻辑描述

笔者在本书第 3 章运用两步聚类法抽取了学科领域术语的分类关系，在第 4 章运用两重关联规则分析方法抽取了学科领域术语的非分类关系，本节将采用本体描述语言 OWL 对这些本体元素进行描述。

5.1.1　本体描述语言 OWL 概述

图 5-1 是语义网的标准化结构，从中可以看到，OWL 是本体层的标准化本体描述语言。

网络本体语言 OWL 由万维网联盟（W3C）于 2001 年提出，它是语义网的描述语言，可以表示丰富且复杂的关于实体、实体类和实体间关系等知识。OWL 是基于计算机逻辑的语言，因此，用 OWL 描述的知识能够被计算机理解和开发利用，例如，可以验证知识的一致性或者使隐性知识显性化。作为本体的 OWL 文档可以发布在万维网上，并且可以和其他的 OWL 本体进行交互。万维网联盟网络本体工作组于 2004 年发布了 OWL 的第一个版本，后于 2009 年发布第二个版本 OWL 2，并于 2012 年进行了相关修改。

5.1.2　学科术语本体的 OWL 描述

本研究构建的"数字图书馆"学科领域术语本体中的元素有 3 大类：术语（概念）、术语（概念）的分类关系以及术语（概念）的非分类关系，这些本体元素均可用 OWL 来进行逻辑描述。

第 5 章 学科术语本体的描述和存储

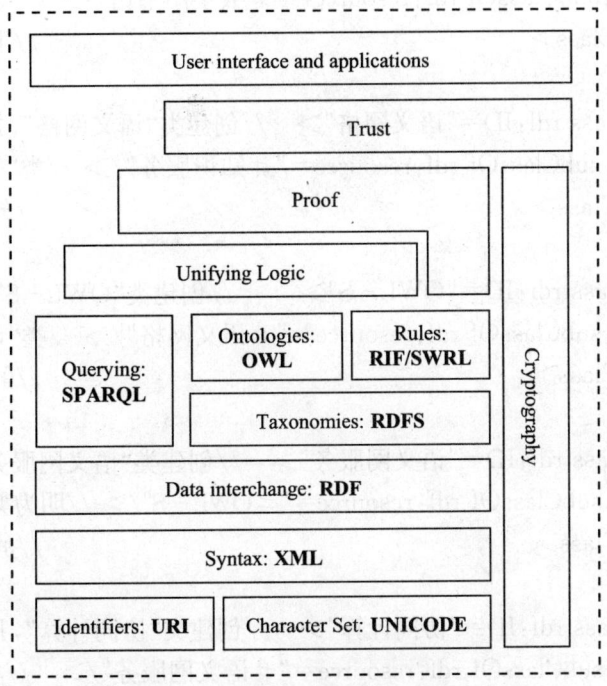

图 5-1 语义网标准化结构[1]

◆ 术语的 OWL 描述

学科领域术语作为学科领域本体中概念的外在表达，可以用 OWL 中的类 (Class) 来进行描述。语法格式如下：

<owl:Class rdf:ID="术语名称"/>

例如，术语"数字图书馆"的描述如下：

<owl:Class rdf:ID="数字图书馆"/>

◆ 分类关系的 OWL 描述

以类"知识服务"为例，对该类的分类关系进行 OWL 描述。

类"知识服务"的超类（父类）是"数字图书馆"，子类有"语义网格"，"语义网格"有子类"OWL-S"，"OWL-S"有子类"语义网服务"，"语义网服务"有子类"协同计算"，即有这样的分类关系："数字图书馆"→"知识服务"→"语义网格"→"OWL-S"→"语义网服务"→"协同计算"。该分类关系的 OWL 描述如下：

<owl:Class rdf:ID="数字图书馆"/></owl:Class>　　//创建类
　　　　　　　　　　　　　　　　　　　　　　　　　//"数字图书馆"
<owl:Class rdf:ID="知识服务">　　//创建类"知识服务"，并声明为

---

[1] Semantic Web [EB/OL]. http://en.wikipedia.org/wiki/Semantic_Web, 2015-01-15.

```
        <rdfs:subClassOf rdf:resource="#数字图书馆"/>  //类"数字图
    </owl:Class>                                    //书馆"的子类

    <owl:Class rdf:ID="语义网格">     //创建类"语义网格",并声明为
        <rdfs:subClassOf rdf:resource="#知识服务"/>  //类"知识服务"
    </owl:Class>                                    //的子类

    <owl:Class rdf:ID="OWL-S">       //创建类"OWL-S",并声明为
        <rdfs:subClassOf rdf:resource="#语义网格"/>  //类"语义网格"
    </owl:Class>                                    //的子类

    <owl:Class rdf:ID="语义网服务">   //创建类"语义网服务",并声
        <rdfs:subClassOf rdf:resource="#OWL-S"/>    //明为类"OWL-S"
    </owl:Class>                                    //的子类

    <owl:Class rdf:ID="协同计算">     //创建类"协同计算",并声明为
        <rdfs:subClassOf rdf:resource="#语义网服务"/>  //类"语义
    </owl:Class>                                    //网服务"的子类
```

以上描述方式是先定义父类(超类),然后在定义子类的时候声明它的父类是谁。或者也可以采用以下的描述方式:

```
    <owl:Class rdf:ID="知识服务">              //创建类"知识服务"
        <rdfs:subClassOf>                     //定义类"知识服务"的父类(超类)
            <owl:Class rdf:ID="数字图书馆">Content</owl:Class>
        </rdfs:subClassOf>
    </owl:Class>
```

以上描述方式是在创建子类的过程中,指定它的父类(超类)是谁,并对父类(超类)进行创建。

◆ 非分类关系的 OWL 描述

本研究把学科领域术语本体的非分类关系限定为学科领域术语与学科领域动词的三元组关系,即<术语 a,动词,术语 b>。在第 4 章中,笔者通过两重关联规则分析方法获得了 770 个术语非分类关系,部分关系参见表 4-15。

非分类关系中的"术语 a"和"术语 b"均可以用 OWL 中的类(Class)来描述,而作为关系标签的动词则可以通过 OWL 中的属性(property)来描述,属性(property)的功能就是用来声明两个类之间的关系。

以非分类关系<专家系统,组织,知识>为例来进行OWL描述。

"专家系统"在术语分类关系中的路径是:"数字图书馆"→"知识服务"→"语义网格"→"OWL-S"→"服务组合"→"专家系统",因此,应先依据上述分类关系创建类"专家系统"。"知识"在术语分类关系中的路径是:"数字图书馆"→"资源"→"数据"→"文献"→"知识",依据此路径创建类"知识"。具体创建过程和方法在"分类关系的OWL描述"部分已经给出。

对于上述非分类关系中的关系标签"组织",将它设置为对象属性,相应的定义域(domain)和值域(range)均为类owl:Thing,因为"数字图书馆"学科领域术语本体中的术语(概念)都有可能具有该属性。具体创建过程如下所示:

```
<owl:ObjectProperty rdf:ID="组织">         //创建对象属性"组织"
  <rdfs:domain rdf:resource=" http://www.w3.org/2002/07/owl#Thing"/>
  <rdfs:range rdf:resource=" http://www.w3.org/2002/07/owl#Thing"/>
</owl:ObjectProperty>
```

以下利用OWL对类"专家系统"的非分类关系进行描述:

```
<owl:Class rdf:ID="专家系统">
  <rdfs:subClassOf>
    <owl:Restriction>
      <owl:onProperty rdf:resource="#组织"/>       //为类"专家系统"设置属性
                                                   //"组织"
      <owl:someValuesFrom rdf:resource="#知识"/>  //设置属性值为"知识"
              // owl:someValuesFrom 表明"专家系统"
              //的属性"组织"还可能取其他值
    </owl:Restriction>
  </rdfs:subClassOf>
</owl:Class>
```

上述OWL逻辑语言通过类定义、属性定义以及属性限制描述了术语的非分类关系。

5.2 本体的存储

本体存储是指将本体中的元素运用相关的技术和方法进行合理地保存,使得本体知识能被查询和进一步应用。这里的本体知识具体包括概念、属性、概念间关系等。合理有效地存储本体是保证其能被广泛共享重用的前提条件。

国内外学者对此进行了相关的研究。

韩国成均馆大学的Eric Wang提出了一种基于关系数据库的有效存储本体

的系统,设计了OWL本体描述文档的关系数据模式,并研究了如何把OWL文档转换为关系数据模式的机制[1]。Adnan Khalid提出了一系列如何将OWL文档转移到数据库中的规则,还提出了一个"OntRel"关系模式,并将"OntRel"与其他索引技术的加载时间、查询性能和完整性等进行了对比分析[2]。韩国大学的Jinhyung Kim提出了一种基于XPath结构的存储模型XPOS,该模型将类和属性的层次结构信息作为XPath结构,能进行直观有效的信息检索。他还比较了XPOS模型、Sesame和基于XML文档的存储模型XFSS在本体查询和本体更新方面的效果[3]。马萨里克大学的Martin Bukatovic在4个可获取的XML数据系统上进行了大量的实验,通过这些实验发现最好的可用于本体存储的XML数据库。他从Xmark的结果以及定义的本体基准来看,Monet DB/XQuery和Sedna数据库效果较好,Monet DB/XQuery适用于大型本体系统,而Sedna则具有较多优先的特性[4]。Yang等根据面向对象数据库的特点,将本体进行语义对象化,实现本体存储[5]。

傅柱等介绍了本体存储的方法以及本体在关系数据库中的存储模式,并对这些方法和模式进行了对比分析[6]。王岁花等探讨了在尽可能保持语义的情况下如何将本体存储到关系数据库中。他们以OWL作为本体描述语言设计了关系数据库存储本体的模式,并以物流本体片段为例展示了本体存储和查询的方法[7]。薛建武等探讨了在面向对象数据库中存储本体的拓扑结构,提出了本体向面向对象数据库模型的转化方法,利用核心类存储概念,关系类存储关系,这

---

[1] Wang E, Kim Y S, Kim H S, et al. Ontology modeling and storage system for robot context understanding[A]. Proceedings of the 9th International Conference on Knowledge-Based Intelligent Information and Engineering Systems[C]. Berlin: SPRINGER-VERLAG, 2005: 922-929.

[2] Khalid A, Shah S A H, Qadir M A. OntRel: An ontology indexer to store OWL-DL ontologies and its instances[A]. Proceedings of the International Conference of Soft Computing and Pattern Recognition[C]. New York: IEEE, 2009: 478-483.

[3] Kim J, Jeong D, Baik D K. Performance evaluation of XPath form-based ontology storage model regarding query processing and ontology update [A]. Proceedings of the 3rd International Conference on Convergence and Hybrid Information Technology [C]. Los Alamitos: IEEE Computer Soc, 2008: 1067-1074.

[4] Bukatovic M, Horak A, Rambousek A. Which XML storage for knowledge and ontology systems?[A]. Proceedings of the 14th International Conference on Knowledge-Based and Intelligent Information and Engineering Systems [C]. Berlin: SPRINGER-VERLAG, 2010: 432-441.

[5] Yang K A, Yang H J, Yang J D, et al. Bio-ontology construction using object-oriented paradigm [A]. Proceedings of the 12th Asia-Pacific Software Engineering Conference [C]. LOS ALAMITOS: IEEE Computer Soc, 2005: 317-322.

[6] 傅柱,王曰芬,孙铭丽.本体存储技术研究综述[J].情报理论与实践,2013,36(9):118—123.

[7] 王岁花,张晓丹,王越.基于关系数据库的OWL本体存储及查询方法[J].河南师范大学学报(自然科学版),2012,40(2):159—162.

样可以动态、完整地保存本体的网状信息[①]。常万军等提出了一种混合存储模式,利用已有本体测试框架对提出的存储模式进行了验证,结果表明,该混合存储模式结构清楚、查询效率高、具有较强的扩展性并且适宜存储大规模本体[②]。罗军等提出利用关系数据库存储 OWL 本体,该存储模式既能满足大规模数据存储的要求,又能保持语义的完整性,但在本体存储优化上还存在不足[③]。邱彦章等提出了一种易于理解且结构稳定的关系数据库存储模式,并利用动态生成的视图将本体查询转化为 SQL 查询,该存储模式保持了本体查询的灵活性和丰富性,并且使得本体存储相对于上层的本体应用保持透明[④]。李勇等提出了一种基于关系数据库的本体存储方法,该方法利用关系表保存本体中概念间的关系,描述了属性特征,较好地存储了本体的语义信息,适用于存储大型本体,并且具有较高的检索、查询和映射效率[⑤]。杨炜辰等探讨了本体在关系数据库中的存储模式,提出了一种新的利用关系数据库混合存储本体的方法,他们使用汽车修理本体对提出的模式进行了验证,结果表明该存储模式具有较高的查询效率,并且能处理大规模本体[⑥]。张兄利根据面向对象数据库能表达复杂对象、本体能描述数据语义的特点,提出了一种基于本体的面向对象数据库模型[⑦]。李常友对基于面向对象数据集进行本体存储的可行性进行了理论探讨,设计实现了一种存储方式,并对本体存储和查询效率进行了实验验证[⑧]。

综合以上国内外学者对于本体存储的研究,可以知道,目前关于本体存储的研究主要集中在如何把 OWL 本体描述文档按照关系数据模式存储在关系数据库中。因此,笔者也对如何将 OWL 描述的学科术语本体存储在关系数据库中进行了探讨和实现。

5.2.1 本体存储方式

按照本体存储介质来区分,本体存储方式主要有以下 4 种:(1) 基于内存的本体存储,(2) 基于文本的本体存储,(3) 基于数据库的本体存储,(4) 基于特殊

---

① 薛建武,白燚.本体拓扑结构关系存储研究[J].现代图书情报技术,2012,219(5):26—30.
② 常万军,任广伟.OWL 本体存储技术研究[J].计算机工程与设计,2011,32(8):2893—2896.
③ 罗军,陈波.关系数据库存储 OWL 本体方法的研究[J].计算机工程,2010,36(21):71—75.
④ 邱彦章,郭亮.基于关系数据库的大规模网络本体存储与查询研究[J].微电子学与计算机,2011,28(12):138—140.
⑤ 李勇,李跃龙.基于关系数据库存储 OWL 本体的方法研究[J].计算机工程与科学,2008,30(7):105—107.
⑥ 杨炜辰,凌海风,武鹏,等.基于关系数据库的本体存储模式[J].四川兵工学报,2013,34(4):111—115.
⑦ 张兄利.基于本体的面向对象数据库模型研究[D].合肥:合肥工业大学,2007.
⑧ 李常友.面向对象数据库在本体存储中的应用研究[D].武汉:武汉理工大学,2010.

管理工具的本体存储。

◆ 基于内存的本体存储

基于内存的本体存储是将本体中的知识按照一定的结构组织后存储在计算机的内存中,用户在内存结构上进行本体知识的查询和更新等操作。其优点是[①]:(1) 运行效率较高,(2) 不存在磁盘更新问题。其缺点是:(1) 由于内存空间有限不能存储大型本体,(2) 也不适合存储需要长时间保存的本体[②]。目前,OWLim[③] 和 OWLJessKB[④] 是两个较典型的基于内存的本体存储系统[⑤]。

◆ 基于文本的本体存储

基于文本的本体存储是将本体中的知识按照一定的结构组织后以文本的形式存储在本地的文件系统中,系统启动时将本体数据从文件读入内存,然后在内存中对本体进行相关操作。这种本体存储方式在每次系统退出时需要将本体以文件流的形式重新写回到文件中。采用这种存储方式的本体可以将本体数据以 XML 文档、RDF(S)文档或 OWL 文档保存[⑥]。

基于文本的本体存储方式的优点是:(1) 存储方法简单可行;(2) 适合长久存储;(3) 许多本体工具都支持这种存储方式;(4) 直观显示了本体描述语言的语法,易于理解。

该存储方式的缺点是:(1) 存储效率较低,必须经过反复扫描整个文件,进行大量的数据存取工作,才能把握本体的全局结构;(2) 存储规模有限;(3) 有时需要建立相关的并发控制机制才能保证本体系统的并发性,以让多用户同时访问[⑦]。

有些本体工具是基于文件系统实现的,例如:OntoEdit 和 Protégé[⑧]。

◆ 基于数据库的本体存储

在本体的各种存储方式中,对基于数据库的存储方式研究较多。基于数据

---

① 傅柱,王曰芬,孙铭丽. 本体存储技术研究综述[J]. 情报理论与实践,2013,36(9):118—123.
② 常万军,任广伟. OWL 本体存储技术研究[J]. 计算机工程与设计,2011,32(8):2893—2896.
③ Kiryakov A, Ognyanov D, Manov D. OWLIM-a pragmatic semantic repository for OWL[A]. Proceedings of the 6th International Workshop on Web Information Systems Engineering[C]. Berlin:SPRINGER -VERLAG,2005:182 - 192.
④ Kopena J, Regli W C. DAMLJessKB: A tool for reasoning with the Semantic Web[A]. Proceedings of the 2nd International Semantic Web Conference[C]. Berlin: SPRINGER - VERLAG, 2003: 628 - 643.
⑤ 杨炜辰,凌海风,武鹏,等. 基于关系数据库的本体存储模式[J]. 四川兵工学报,2013,34(4):111—115.
⑥ 傅柱,王曰芬,孙铭丽. 本体存储技术研究综述[J]. 情报理论与实践,2013,36(9):118—123.
⑦ 常万军,苏强林. OWL 本体存储模式研究[J]. 计算机工程与科学,2011,33(10):135—139.
⑧ 史一民,李冠宇,刘宁. 语义网服务中本体服务综述[J]. 计算机工程与设计,2008,29(23):5976—5980.

库的本体存储是将本体中的知识按照一定的结构组织后存储在数据库中,利用数据库管理系统对数据强大的操纵和管理能力,对本体进行查询和管理。相较上述两种本体存储方式,该方式具有较大的优越性。按数据库中的数据模型区分,又可分为基于关系数据库的存储和基于面向对象数据库的存储。

当前,关系数据库技术已经很成熟,关系数据模型容易进行相关查询,并且便于事务处理,因此,利用关系数据库对本体进行存储的研究较多[1]。许多本体存储系统也都以关系数据库管理系统或对象—关系数据库管理系统作为后台存储,例如:Sesame、Jena、3store 和 Minerva[2]。

本体中的数据可以转换为关系数据库中的数据,利用关系数据库中的表来保存本体知识。一些本体工具如 Protégé 也支持将本体导入数据库。

基于关系数据库的本体存储方式的优点是:(1)存储效率高;(2)能确保操作的正确性;(3)可以避免重复开发[3];(4)适合大规模数据存储;(5)易于管理和查找[4]。

该存储方式的缺点是:(1)由于数据模型的不匹配,需要将本体中 N 维的数据模型转换到关系数据库中的二维数据模型[5];(2)需要将本体中基于图的查询转换为关系数据库中的关系查询;(3)需要找到一个较好的把本体数据映射到关系数据库数据的方法,即要考虑在关系数据库中采取怎样的存储模式[6]。

基于面向对象数据库的本体存储方式是将本体中的数据模型转换为面向对象数据库中的对象模型,将本体知识存储在数据库中。该存储方式首先要利用 DTD 或 XML Schema 建立 XML 数据的 OODB 模式,再按照一定的规则将文档中的元素映射为面向对象数据库中的一系列对象[7]。面向对象数据库支持类、方法、继承等概念,数据直接以对象方式存储,可避免将本体拆分为三元组[8]。

◆ 基于特殊管理工具的本体存储

基于特殊管理工具的本体存储是利用特殊的数据存储模型和映射机制支持

---

[1] 鲍文,李冠宇. 本体存储技术研究[J]. 计算机技术与发展, 2008, 18(1): 146—150.
[2] 李洁. 本体存储模式研究[J]. 中国科技信息, 2007, (21): 118—120.
[3] 陈光仪,陈德智. RDFS 本体在关系数据库中的存储研究[J]. 计算机与数字工程, 2008, 36(12): 188—190.
[4] 朱姬凤,马宗民,吕艳辉. OWL 本体到关系数据库模式的映射[J]. 计算机科学, 2008, 35(8): 165—169.
[5] 乐超,王晓军. 本体存储技术研究[J]. 电信快报, 2010, (7): 33—36.
[6] 傅柱,王曰芬,孙铭丽. 本体存储技术研究综述[J]. 情报理论与实践, 2013, 36(9): 118—123.
[7] 施伟斌,孙未来,施伯乐. 数据的结构化处理方法[J]. 计算机研究与发展, 2002, 39(7): 819—826.
[8] 李常友. 面向对象数据库在本体存储中的应用研究[D]. 武汉: 武汉理工大学, 2010.

对本体进行存储管理。例如,开源软件 OMM 支持对 RDF、OWL 的存储管理,也可以使用查询语言对 RDF、OWL 进行查询。但该存储方式不具备普遍性和一般性,扩展性较差。相比关系数据库,这些技术还不够成熟,存储效率较低。

5.2.2 关系数据库存储模式

本体数据模型与关系数据库中的数据模型存在差异,因此,如何将本体数据存储到关系数据库中,如何设计关系数据库中表的结构,都需要进行全面详尽的考虑。目前有以下 4 种不同的存储模式:水平模式、垂直模式、分解模式和混合模式。

◆ 水平模式

水平存储模式将类看作实例的集合,以实例来存储本体[1]。该模式在关系数据库中仅创建一张表,表中的每一行即表的每一条记录是本体中的一个类或实例,表中的每一列是本体中的属性。

该存储模式的优点是:(1) 比较简单,构建难度低;(2) 执行查询操作比较方便。但也有以下缺点:(1) 仅有的一张表中包含了大量的列,而现有的关系数据库系统对一张表中列的数目是有限制的,因此该存储模式无法存储具有较多属性的大规模本体;(2) 在通常情况下,数据表是稀疏的,即表中的大部分单元格都是空值,这不仅浪费存储空间,而且增加了系统维护索引的代价;(3) 本体是不断进化更新的,随着本体的变化需要不断地增加或删除表中的列来修改表的模式,而在当前数据库系统中进行这样的表模式变化需要花费相当的代价[2];(4) 由于表是二维结构的,一个实例的某个属性只能有一个值,故对于那些具有多值属性的实例无法进行存储[3]。

◆ 垂直模式

垂直存储模式包含一张三元组表,即含有 3 列的表,表中的每条记录都对应于一个 RDF 三元组<Subject, Predicate, Object>。采取这种存储模式需要将本体中所有复杂的数据关系都分解为多个简单的 RDF 三元组来表示[4]。

该存储模式的优点是:(1) 设计简单,并且模式稳定,随着本体的更新变化只需要修改表中相应的元组;(2) 通用性好,因为现有的本体数据模型都可以转

---

[1] Agrawal R, Somani A, Xu Y. Storage and querying of e-commerce data[A]. Proceedings of the 27th VLDB [C]. Roma: Morgan Kaufman Publishers Inc, 2001: 149-158.

[2] 李曼,王琰,赵益宇,等. 基于关系数据库的大规模本体的存储模式研究[J]. 华中科技大学学报(自然科学版), 2005, 33(Sup.): 217—220.

[3] 杨炜辰,凌海风,武鹏,等. 基于关系数据库的本体存储模式[J]. 四川兵工学报, 2013, 34(4): 111—115.

[4] 常万军,苏强林. OWL 本体存储模式研究[J]. 计算机工程与科学, 2011, 33(10): 135—139.

换为 RDF 模型来表示。其缺点是：(1) 对于开发人员来说，这种模式的可读性较差，设计相关的 SQL 语句比较困难并且容易出错；(2) 对于每个本体查询都必须搜索整个数据库，因此，查询效率较低，特别是那些需要进行表连接的查询。

◆ 分解模式

分解存储模式与前两种存储模式的最大区别在于使用了多张表进行数据的存储，其基本想法是将水平模式和垂直模式中的结构进行分解。按分解的对象来区分，又有两种不同的分解方法：对水平模式基于类进行分解，对垂直模式基于属性进行分解。

基于类的分解模式就是在水平模式的基础上为每个类单独创建一张数据表，表名为类名，而表中的列名则是该类中的各个属性名。这种存储模式的表结构清晰，而且相较于水平模式，减少了表中的空值数量，同时也较大地提高了对单个实例或某个类中一组实例的查询效率。但是其同样具有水平模式的一些缺点，例如，随着本体的更新变化，表结构也要随之更新变化，维护难度较大，同时也没有解决多值属性的存储问题[1]。

基于属性的分解模式就是在垂直模式的基础上为本体中的每个属性建立一张只有两列的数据表，这两列分别为 RDF 三元组＜Subject, Predicate, Object＞中的 Subject 和 Object。该存储模式对单个类或单个属性进行查询时，响应时间短，效率高，但对涉及多个类或多个属性进行复杂查询时，由于涉及多个表，需要进行多次连接操作，因此查询效率会有所降低，同时这种存储模式的可扩展性不强，当本体内容发生更新变化时，关系数据库中也要相应地对数据表进行扩充和删除，这将耗费数据库中的大量资源，导致系统的整体性能下降。

◆ 混合模式

单一的存储模式都存在这样或那样的缺点，研究者们企图通过混合使用这些存储模式来规避问题，由此产生了混合模式。混合存储模式通常将上述几种存储模式进行混合使用。Pan 等[2]提出了一种混合存储模式：将基于类的分解模式和基于属性的分解模式同时使用，即为本体中的每一个类创建一个表，同时也为本体中的每一个属性创建一个表。对于只包含一百多个类的本体，该混合存储模式在简单检索的情况下运行良好。但是，如果本体中的类较多，这种方式会存在一些问题，例如：数据库无法容纳这么多表，可扩展性不足[3]。

---

[1] 郄君甫. 基于本体的关系数据库关键词语义查询扩展方法[J]. 燕山大学学报，2010，34(3)：231—236.

[2] Pan Z X, Heflin J. DLDB: extending relational database to support semantic Web queries [A]. Proceedings of the 1st PSSS[C]. Santa Barbara: Informal Proceedings, 2003: 43-48

[3] 许卓明，黄永菁. 从 OWL 本体到关系数据库模式的转换[J]. 河海大学学报(自然科学版)，2006，34(1)：95—99.

5.2.3 学科术语本体存储模式的设计

通过以上对关系数据库中本体存储模式的探讨可知,理想的存储模式应该具备相应的一些原则[①]:

(1) 具备较高的规范化,满足 3NF 或 BCNF。

(2) 易于理解。该原则是为了能更好地进行本体查询。如果模式设计难以理解,则会给查询语句的设计带来困难。例如,垂直存储模式就不易理解,它将本体所有的信息都分解为一个个三元组,存储在同一张表中,从而加重了本体查询语句设计的负担。

(3) 结构稳定。本体知识是不断更新变化的,这种变化会引起存储的变化,好的存储模式的数据库表结构应该比较稳定,不受这种变化的影响。如果数据库表结构要随着本体的变化而变化,带来的维护成本太高。上述的水平模式、分解模式和混合模式都不满足该原则。

(4) 查询效率高。本体中不仅包含大量的数据,而且本体查询中还经常需要进行表连接,因此,好的存储模式应该能够较好地考虑到查询中的这两个因素,能具备较高的查询效率,这是评价存储模式是否优良的一个重要指标。上述的垂直模式和基于属性的分解模式中,涉及表连接的查询效率均较低。

基于以上这些原则,笔者为学科术语本体设计的关系数据库存储模式如下:

(1) 学科领域知识本体资源表 T_resource。在 OWL 描述的知识本体中,类、属性和实例都是本体中的资源,且用 URI 来唯一标识。因此,可以把这些资源及其 URI 组织在一张表中,统一为它们分配 ID,从而保证 ID 的唯一性,便于查询,并且可以引入 type 字段来说明资源的类型:类、属性还是实例。学科领域中的术语(概念)存放在表的类中,而描述术语(概念)非分类关系的谓语动词则存放在表的属性中。表 T_resource 包含 4 个字段:resourceID、URI、name 和 type。

(2) subClassOf 是学科领域知识本体中描述术语(概念)分类关系的极其重要的属性,因此,笔者单独生成一张表 T_subClass,存储本体中术语(概念)的分类关系,以方便对术语(概念)分类关系的查询。表 T_subClass 包含 4 个字段:subClass_URI、subClass_name、superClass_URI 和 superClass_name,其中 subClass_URI 和 superClass_URI 是外键,它们的值来自表 T_resource 中的 URI。

---

① 李曼,王琰,赵益宇,等. 基于关系数据库的大规模本体的存储模式研究[J]. 华中科技大学学报(自然科学版),2005,33(Sup.):217—220.

(3) 学科领域知识本体中的非分类关系可以通过类（概念）及其属性值来反映，可以采用三元组的存储思想来存储，将一个类（概念）在一个属性上的取值作为表 T_classValue 的一条记录。因为领域本体中类（概念）及其属性值的更新变化经常发生，采用这种存储方法可以保持表结构的稳定性，对类（概念）的更新只需要修改表中的元组。该表包含 8 个字段：class_URI、class _name、property_URI、property_name、value_URI、value_name、valueRes 和 cardinalityRes。

(4) 学科领域知识本体中用作非分类关系标签的动词可以看成连接两个类的属性，因此，笔者单独生成一张表 T_property，用来存放非分类关系中的谓语动词。该表包含 4 个字段：property_URI、property_name、domain 和 range，其中 domain 和 range 是 property 的定义域和值域，它们均是一个类。

5.2.4 学科术语本体的存储

以下是"数字图书馆"学科领域术语本体在关系数据库中的存储示例。

表 5-1 展示了数据库表"T_resource"中的部分内容，该表用来存储"数字图书馆"学科领域术语本体中的类、属性、实例等本体元素。例如，"知识服务"是本体中的一个类，而"组织"是本体中的一个属性。

表 5-1 关系数据库表 T_resource 存储示例

resourceID	URI	name	type
1	xx/知识服务	知识服务	C
2	xx/版权	版权	C
3	xx/风险评估	风险评估	C
4	xx/风险管理	风险管理	C
5	xx/防火墙	防火墙	C
6	xx/subClassOf	subClassOf	P
7	xx/描述	描述	P
8	xx/提供	提供	P
9	xx/组织	组织	P
10	xx/存取	存取	P

注1：上表中的 xx 代表某个 URI 网址，如：
http://www.semanticweb.org/zhui/ontologies/2015/0/digital_library
注2：上表中的 C 代表"类"，P 代表"属性"。

表 5-2 展示了数据库表"T_subClass"中的部分内容,该表用来存储"数字图书馆"学科领域术语本体中的术语(概念)分类关系。例如,"知识服务"是"数字图书馆"的一个子类,"数字版权"是"著作权"的一个子类。

表 5-2　关系数据库表 T_subClass 存储示例

subClass_URI	subClass_name	superClass_URI	superClass_name
xx/知识服务	知识服务	xx/数字图书馆	数字图书馆
xx/版权	版权	xx/数字图书馆	数字图书馆
xx/著作权	著作权	xx/版权	版权
xx/数字版权	数字版权	xx/著作权	著作权
xx/法定许可	法定许可	xx/数字版权	数字版权
xx/数字出版	数字出版	xx/法定许可	法定许可
xx/电子商务	电子商务	xx/信息安全	信息安全
xx/防火墙	防火墙	xx/风险管理	风险管理
xx/风险管理	风险管理	xx/VPN	VPN
xx/VPN	VPN	xx/安全	安全

表 5-3 展示了数据库表"T_classValue"中的部分内容,该表用来存储"数字图书馆"学科领域术语本体中的术语(概念)非分类关系。例如,<数字图书馆,构建,数字空间>,<数字图书馆,提供,个性化服务>。

表 5-3　关系数据库表 T_classValue 存储示例

class_URI	class_name	property_URI	property_name	value_URI	value_name	valueRes	cardiRes
xx/数字图书馆	数字图书馆	xx/构建	构建	xx/数字空间	数字空间	some	min=1
xx/数字图书馆	数字图书馆	xx/提供	提供	xx/个性化服务	个性化服务	some	min=1
xx/数字图书馆	数字图书馆	xx/应用	应用	xx/代理技术	代理技术	some	min=1
xx/RDF	RDF	xx/描述	描述	xx/XML	XML	some	min=1
xx/图书馆	图书馆	xx/存取	存取	xx/虚拟馆藏	虚拟馆藏	some	min=1
xx/图书馆	图书馆	xx/使用	使用	xx/版权法	版权法	some	min=1
xx/用户建模	用户建模	xx/设计	设计	xx/个性化服务	个性化服务	some	min=1
xx/知识构建	知识构建	xx/构建	构建	xx/知识服务	知识服务	some	min=1
xx/知识构建	知识构建	xx/实现	实现	xx/知识服务	知识服务	some	min=1
xx/专家系统	专家系统	xx/组织	组织	xx/知识	知识	some	min=1

表5-4展示了数据库表"T_property"中的部分内容,该表用来存储"数字图书馆"学科领域术语本体中的术语(概念)非分类关系标签。例如,"构建"、"描述"和"存取"。

表5-4 关系数据库表 T_property 存储示例

property_URI	property_name	domain	range
xx/构建	构建	http://www.w3.org/2002/07/owl#Thing	http://www.w3.org/2002/07/owl#Thing
xx/描述	描述	http://www.w3.org/2002/07/owl#Thing	http://www.w3.org/2002/07/owl#Thing
xx/存取	存取	http://www.w3.org/2002/07/owl#Thing	http://www.w3.org/2002/07/owl#Thing
xx/设计	设计	http://www.w3.org/2002/07/owl#Thing	http://www.w3.org/2002/07/owl#Thing
xx/组织	组织	http://www.w3.org/2002/07/owl#Thing	http://www.w3.org/2002/07/owl#Thing
xx/提供	提供	http://www.w3.org/2002/07/owl#Thing	http://www.w3.org/2002/07/owl#Thing
xx/实现	实现	http://www.w3.org/2002/07/owl#Thing	http://www.w3.org/2002/07/owl#Thing
xx/应用	应用	http://www.w3.org/2002/07/owl#Thing	http://www.w3.org/2002/07/owl#Thing
xx/使用	使用	http://www.w3.org/2002/07/owl#Thing	http://www.w3.org/2002/07/owl#Thing
xx/处理	处理	http://www.w3.org/2002/07/owl#Thing	http://www.w3.org/2002/07/owl#Thing

5.3 本章小结

本章主要探讨了对学科领域术语本体进行逻辑描述和合理高效存储的方法和策略。

(1) 利用语义网标准化的本体描述语言 OWL 对构建的学科术语本体中的元素进行逻辑描述。利用 OWL 中的类(Class)来描述学科术语,利用子类(sub-

ClassOf)来描述术语的分类关系,利用构建的属性(property)来描述术语的非分类关系。

(2) 对本体存储方式以及关系数据库存储本体的模式进行了探讨和分析,设计了学科领域术语本体的关系数据库存储模式。根据本体元素的特点以及关系数据库的存储特征,共设计了 5 张关系表来存储本体元素,能实现本体元素的查询和更新。

第6章　学科术语本体的可视化

在当前的信息社会中，用户被大量甚至是海量的信息包围，这使得用户对于信息的获取产生了障碍，他们更希望从混沌的"信息海洋"中得到关于信息甚至是知识的清晰脉络。本体作为语义网的关键技术之一，解决了知识的描述、组织和共享问题，揭示了事物之间的联系。如果能将本体可视化展示，则可以对领域知识进行更形象直观的揭示和表达，也使得用户能更有效地获取领域知识。

Robertson等于1989年在"The Cognitive Coprocessor Architecture for Interactive User Interfaces"（"用于交互性用户界面的认知协处理器"）一文中首次提出了"信息可视化"这一概念[1]。信息可视化不仅可以直观形象地表示信息，为用户展示直观形象的结果用于观察，而且可以揭示信息间的关联，挖掘隐含的模式和结构，使得用户能更有效地掌握信息、发现知识。一般的信息可视化系统主要采用"树（Trees）"、"图（Graphs）"、"地图（Maps）"以及"虚拟现实（Virtual Reality）"等隐喻方式实现信息及其结构的可视化展示[2]。总而言之，信息可视化从视觉的角度提供了一种崭新的科学分析方法，是现有科学分析方法的有益补充。

本体可视化来源于信息可视化，其实质是采用相关方法和技术、利用相关工具将本体中的知识通过"树"、"图"、"地图"以及"虚拟现实"等隐喻方式进一步直观地展示出来。本体可视化就是解决怎样用更丰富的表现形式来描绘和展现知识网络。由于本体元素间关系的复杂性，利用可视化技术来展示本体，能加深用户对知识的理解和认识。在本体可视化研究领域，已开发出了一些较成熟的可视化工具，它们都能提供多种可视化技术来表达本体[3]。

---

[1] Robertson G G, CARD S K, Mackinlay J D. The cognitive coprocessor architecture for interactive user interfaces [A]. Proceedings of the Acm Siggraph Symposium on User Interface Software and Technology[C]. New York: Assoc Computing Machinery, 1989: 10-18
[2] 周宁, 张会平, 陈勇跃. 信息可视化与知识组织[J]. 现代图书情报技术, 2006(7): 62—65.
[3] 董慧, 王超. 本体应用可视化研究[J]. 情报理论与实践, 2009, 32(12): 116—120.

6.1 本体可视化工具

本体可视化工具可以分为两大类：(1) 基于本体工具 Protégé 的可视化插件，如 OWLViz、OntoGraf、TGViz 等，用户在使用这些插件进行本体可视化展示时较方便快捷；(2) 独立于本体领域的通用可视化工具，如 ToughGraph、Prefuse 等，用户在使用这些工具时，可以利用它们强大的可视化功能并且易于扩展。

6.1.1 Protégé

Protégé 是由斯坦福大学医学院的医学情报学研究组设计的用 Java 语言开发的一个免费开源的平台，提供了一组工具用以构建领域本体模型以及开发基于本体的知识应用程序。该编辑工具最初应用于医学和信息管理领域，如斯坦福大学的 Design-a-Trial、SAGE、Project、Virtual Soldier 等项目[1]。Protégé 是目前比较完善的本体支持工具，已有许多专业领域利用该工具构建了相应的本体。该工具的最大优点是它提供了一个友好的图形用户界面，使得用户可以在不十分了解本体描述语言的情况下就可以进行本体元素(类、属性、实例等)的编辑[2]。此外，用户可以免费下载 Protégé 的安装软件与插件，并且可用 RDF、RDFS、OWL 等本体描述语言在系统外对本体进行编辑和修改[3]。鉴于 Protégé 拥有的这些优势，它已成为目前使用范围最广的本体编辑工具之一。

Protégé 现在提供网络版(WebProtégé)和桌面版(Protégé Desktop)两种版本。WebProtégé 是一个网络上的本体开发环境，能够创建、装载、修改、共享本体并且可以合作编辑和视图。WebProtégé 支持最新的网络本体描述语言 OWL 2。高配置的用户界面使得本体初学者和领域专家都能很好掌握。能上载和下载 RDF/XML、Turtle、OWL/XML、OBO 等格式的本体。图 6-1 显示了 WebProtégé 的界面，用户可以下载相关本体，也可以创建本体上载。

Protégé Desktop 是一个本体编辑环境，支持网络本体语言 OWL 2，并且具有类似 HermiT 和 Pellet 的推理机，可以进行推理，也可以进行本体合并、本体间公理移动、对实体进行重命名等。通过可定制的用户界面，可在 Protégé Desktop 的单个工作区创建和编辑一个或多个本体。它的可视化工具支持对本

---

[1] 彭敏惠，司莉. Protégé 本体构建工具应用调查分析[J]. 图书情报工作，2008，52(1)：28—30.
[2] Protégé [EB/OL]. http://protege.stanford.edu/products.php，2015-01-02.
[3] 李景. 主要本体构建工具比较研究(下) [J]. 情报理论与实践，2006(2)：222—226.

第6章　学科术语本体的可视化

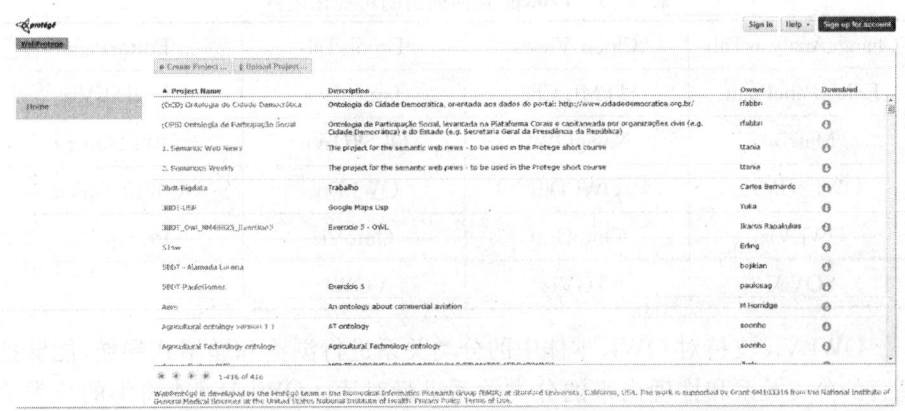

图6-1　WebProtégé 界面

体关系交互式的浏览。Protégé Desktop 的主要特征有以下几点：(1) 服从 W3C 标准；(2) 可定制用户界面；(3) 支持可视化；(4) 支持本体重构；(5) 支持推理；(6) 与 WebProtégé 交叉兼容。

Protégé Desktop 从最初的 0.X 版本，经历 1.X 版本、2.X 版本、3.X 版本、4.X 版本，到目前最新的 5.1 版本。Protégé Desktop 的界面参见图6-2。

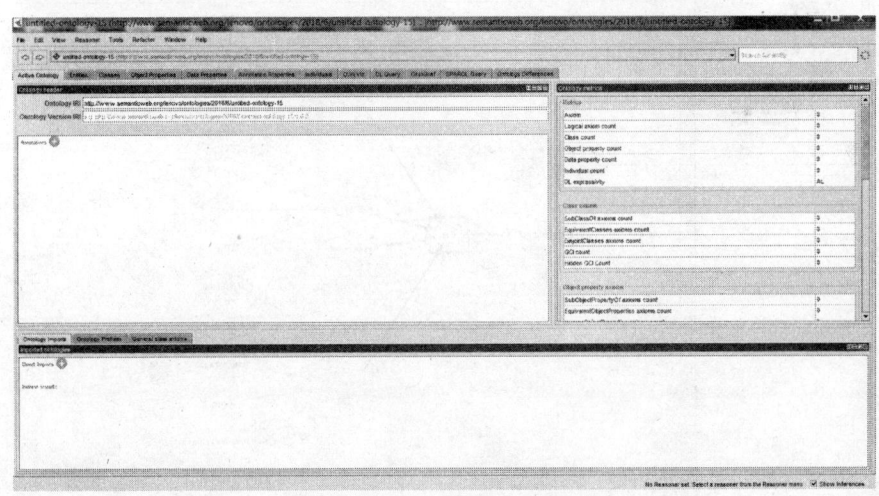

图6-2　Protégé Desktop 界面

Protégé 支持多种本体可视化插件，这些插件可以将创建好的本体以可视化方式展现出来。在 Protégé 官网，列出的可视化插件有 23 种，参见表6-1。这些插件功能多样，各具特色，在此主要介绍在 Protégé 5.1 版本中出现的两种插件：OWLViz 和 OntoGraf。

表 6-1　Protégé 官网列出的可视化插件[①]

ChangeAnalysisTab	Cloud Views	DroolsTab	EditorPane
EditorPanePlain	HTML Chat	Jambalaya	LogDiffViz
Matrix	NavigOWL	OLS2OWL	OWL2Query
OWL2UML	OWLDiff	OWLDoc	OWLPropViz
OWLViz	OntoGraf	OntoViz	PromptViz
SOVA	TGViz	VOWL	

OWLViz 支持对 OWL 本体中的分类关系进行浏览和递增式导航,能够把断言的分类关系和推理出来的分类关系进行对比。OWLViz 能将类的分类关系输出为各种图像格式,包括 PNG、JPG、SVG 等。但 OWLViz 无法对中文本体进行可视化展示,生成的图形堆叠在左上角,究其原因,是因为插件是基于 UTF-8 编码,Java 语言对 I/O 流(字符流和字节流)的处理存在编码问题[②]。图 6-3 是 OWLViz 可视化展示概念分类关系的示例。

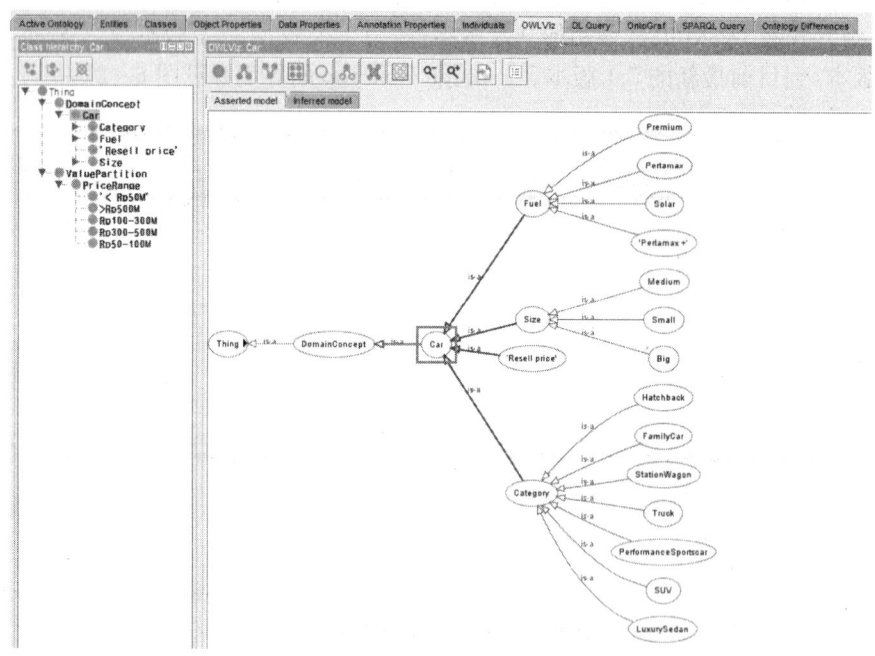

图 6-3　OWLViz 可视化展示概念分类关系

[①] Topic-Visiulization [EB/OL]. http://protegewiki.stanford.edu/wiki/Visualization,2015-01-02.
[②] 张欢欢,宋良图,魏圆圆,等. 一种本体编辑及可视化工具[J]. 计算机系统应用,2012,21(4):115—119.

OntoGraf 支持对 OWL 本体中的关系进行交互式浏览,提供多种关系展示模式并且自动化地组织结构:放射状、喷泉状、垂直树、水平树等。子类关系、实例关系、对象属性的定义域和值域等关系都可以展示出来,并且可以对关系和节点类型进行过滤以得到用户想要的视图。例如,显示某一节点的所有邻居、隐藏某个类的所有子类或实例、显示某个类的所有子类或实例等。值得一提的是,OntoGraf 插件支持对中文本体的可视化展示。图 6-4 是 OntoGraf 可视化展示概念分类关系的示例。

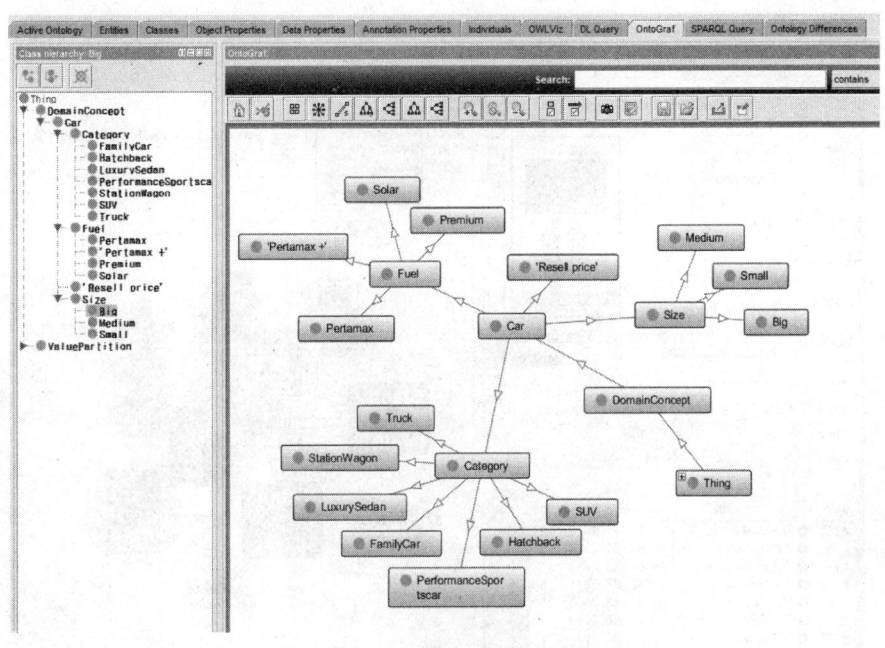

图 6-4　OntoGraf 可视化展示概念分类关系

6.1.2　ToughGraph

ToughGraph 是一个可视化关联浏览器,诞生于 2001 年,目前的版本是 ToughGraph Navigater 2。它具备的功能包括:从其他数据格式如 Excel 装载数据,过滤和可视化数据,对数据进行表格分组,提供数据关联网络图,全部采用 Java 技术,支持多种关系类型(有向边、无向边或双向边),节点和边具有文本和数值属性,节点可以关联图片,运用高级聚类运算揭示数据的内在类目,运用共引和共现分析阐明密度网络[①]。

目前,ToughGraph 推出了基于 Amazon、Google 和 Facebook 的可视化关

---

① PRODUCTS [EB/OL]. http://www.touchgraph.com/navigator,2015-01-04.

联浏览。

　　ToughGraph 能够可视化展示 Amazon 网站上书籍、音乐、电影、电子产品的关联关系。用户可以在检索框中输入感兴趣的书籍、音乐、电影或电子产品，ToughGraph 能展示与其关联的书籍、作者、主题和发行者，如图 6-5 所示。在这个可视化的语义网络图中，用户可以直观地发现与所检索内容相关联的其他事物，并且可以进一步以这些关联事物为桥梁，再次展开可视化关联浏览，发现更多的关联事物。

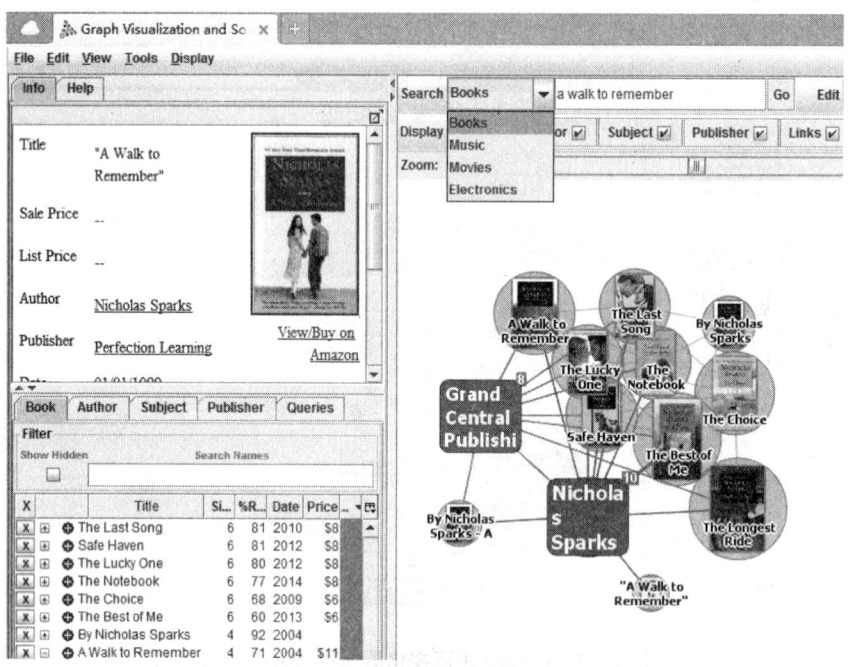

图 6-5　ToughGraph 可视化展示 Amazon 书籍间的关联

　　图 6-5 中，在检索框中输入书籍名称"a walk to remember"，按回车，ToughGraph 把与之相关联的书籍、作者、发行者等都可视化显示了出来。如若用户对发行者"Grand Central Publishing"感兴趣，可双击图标，得到如图 6-6 所示的结果，ToughGraph 把与之关联的其他书籍也可视化展示了出来。

　　ToughGraph 也能可视化展示 Google 数据库中的网站之间的关联关系，如图 6-7 所示。在图 6-7 的检索框中输入"www.nju.edu.cn"，则可以得到 Google 中与之关联的相关网站。进一步双击其中的某个网站，又可得到与之关联的其他网站。这样的可视化展示可以使得用户很方便又很直观地知道事物之间的关联关系。除了在检索框中输入网址，也可以输入关键词，ToughGraph 可以把与该关键词相关联的网站展示出来。

第 6 章　学科术语本体的可视化

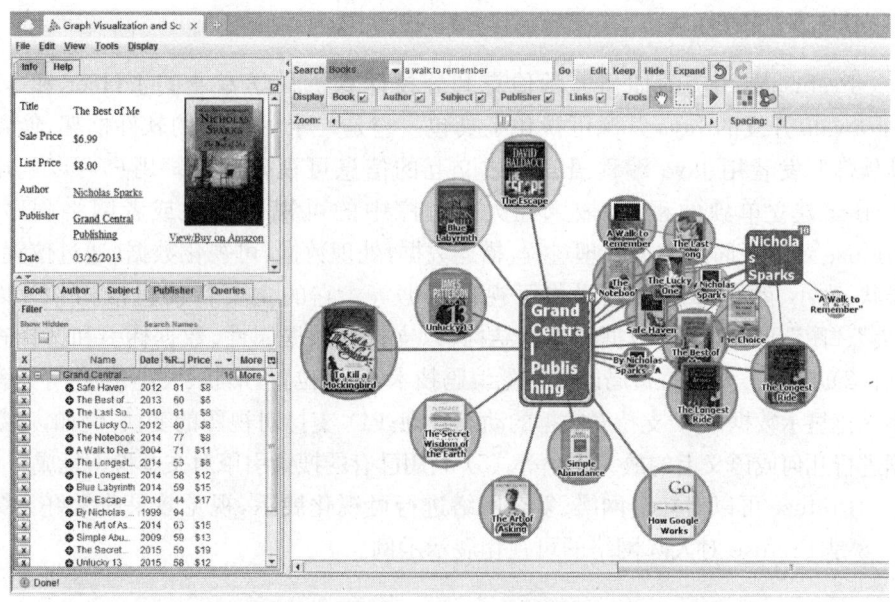

图 6-6　ToughGraph 可视化展示 Amazon 书籍间的关联扩展

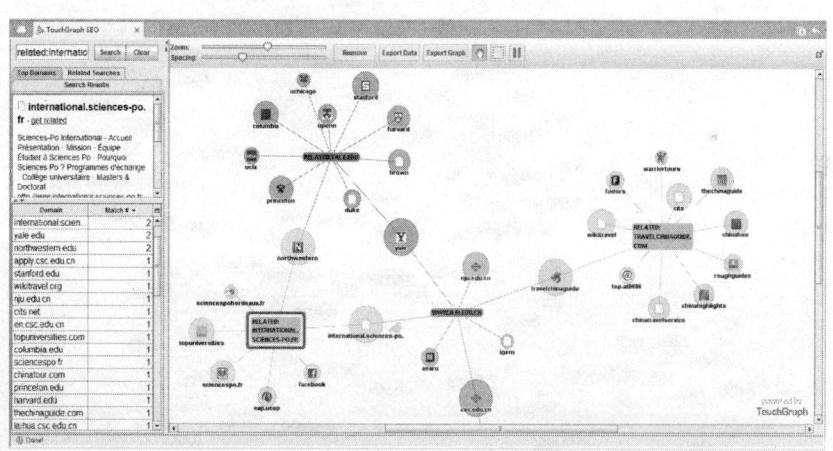

图 6-7　ToughGraph 可视化展示 Google 数据库中网站间的关联

ToughGraph 也能在 Facebook 中将朋友之间的虚拟网络可视化展示出来。除此之外，ToughGraph 也支持 Protégé 的插件 TGViz，它利用 ToughGraph 的 Java 库来可视化展示本体，将本体知识网络渲染成为具有动态交互性的图[1]。

---

[1]　董慧，王超. 本体应用可视化研究[J]. 情报理论与实践，2009, 32(12)：116—120.

6.1.3 Prefuse

Prefuse 是由美国加州大学伯克利分校计算机科学专业的 J. Heer 和 M. Agrawala 开发的 Java 开源可视化工具包。它是一个可扩展的软件框架,能帮助软件开发者用 Java 编程语言生成交互的信息可视化程序。用户可以利用 Prefuse 建立单独的程序,嵌入在大型程序中的可视化组件或者网络程序。Prefuse 致力于简化数据处理过程:描述数据,处理数据,可视化数据(通过位置、形状、大小、颜色等),交互操作可视化数据等。它的主要特征包括[①]:(1) 以"表"、"图"和"树"作为数据的基本结构,以支持多数据属性、数据标引和选择查询;(2) 提供了大量的布局以及视觉编码技术,通过位置、形状、大小、颜色等元素多元化显示数据;(3) 支持对数据的动态查询;(4) 支持对视图的变换,例如,对数据进行几何或语义上的放大缩小等;(5) 利用已有的搜索引擎对文本检索集成。

Prefuse 可以对社会网络、复杂网络进行可视化展示,视觉效果非常好。图 6-8 是 Prefuse 对人际网络的可视化展示示例。

图 6-8　Prefuse 可视化展示人际关系示例

---

① introduction＞overview ［EB/OL］. http://prefuse.org/doc/manual/introduction/overview/, 2015-01-05.

Prefuse虽然功能强大,但一般要在它基础上进行二次编程开发,一般的图书情报研究领域学者难以掌握。

6.2 基于Protégé的学科术语本体可视化

笔者选择Protégé的OntoGraf插件作为学科领域术语本体可视化展示的工具,考虑原因如下:

(1) Protégé作为本体编辑工具,功能强大,具有良好的易用性和可扩展性,支持几乎所有的本体描述语言[①]。

(2) Protégé具有友好的图形化用户界面和外部接口,开放性和兼容性强。

(3) Protégé支持对本体进行重构、合并等操作,有利于后续对本体的修改和扩展。

(4) OntoGraf支持对中文本体的可视化展示。

(5) OntoGraf支持对多种本体关系的可视化展示,包括分类关系和非分类关系。

(6) OntoGraf具有丰富的类目显示功能,以任一类为检索点,通过"Show neighborhood"功能可以显示该类的上位类、下位类以及类的实例,通过"Expand"和"Expand on"功能可以对类进行上下位类、实例或其他属性值的显示,通过"Set as focus"功能可以对某个类进行聚焦,观察该类的下位类,也能以某个类为检索点,检索与该类有关联的其他类目。

(7) OntoGraf提供对本体关系的全面的多角度的展示,展示形式多样化,例如:辐射型、喷泉型、垂直树、水平树等,以满足用户不同的可视化需求。

6.2.1 分类关系的可视化

术语(概念)分类关系是知识本体中最基础也是最重要的关系,它描述了术语(概念)的分类层次语义关系,是领域中的重要知识。借助Protégé的OntoGraf插件,用户可以直观形象地观察发现领域知识的层次结构和模式。

图6-9是"数字图书馆"学科领域术语本体中术语分类关系的展示片段。"数字图书馆"是顶层类,它包含子类"知识服务",而类"知识服务"又包含子类"本体"、"3G"、"知识网络"、"集成服务"和"语义网格",等等。

---

① 张玉峰,周磊,王志芳,等. 领域本体构建与可视化展示研究[J]. 情报理论与实践,2012,35(10):95—98.

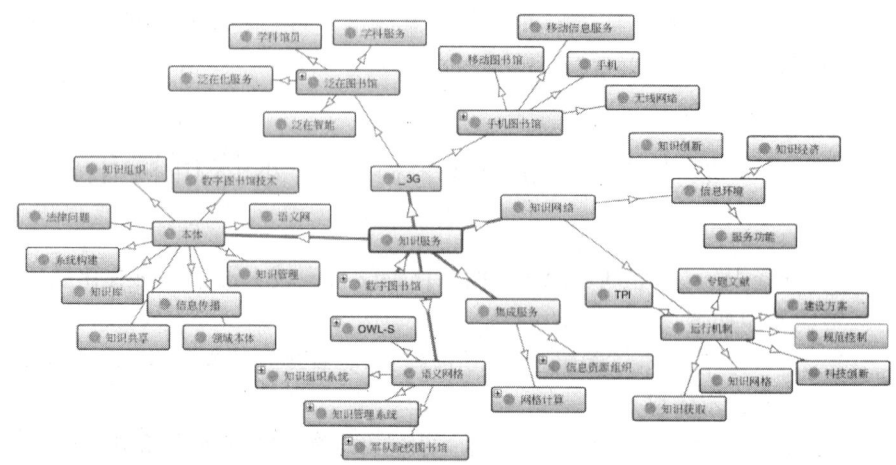

图 6-9 "数字图书馆"学科领域术语本体的部分术语分类关系

图 6-10 是利用 OntoGraf 的 "Show neighborhood" 功能展示了类 "知识服务"的上位类和下位类。

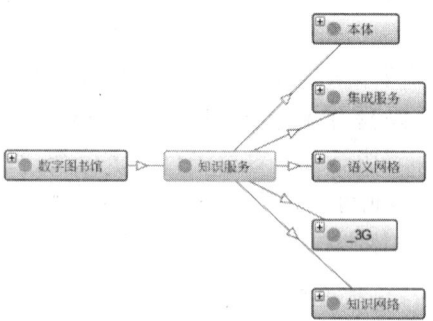

图 6-10 利用 "Show neighborhood" 展示类 "知识服务"的上下位类

图 6-11 是利用 OntoGraf 的 "Set as focus" 功能聚焦类 "知识服务",观察和发现它的下位类。

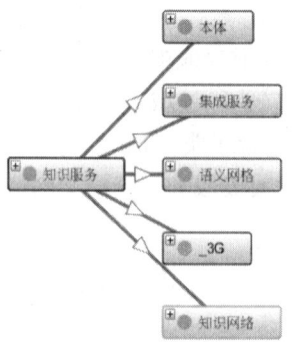

图 6-11 利用 "Set as focus" 重点关注类 "知识服务"的子类

图 6-12 是利用 OntoGraf 的"Expand on"→"has subClass"功能展示类"语义网格"的子类。

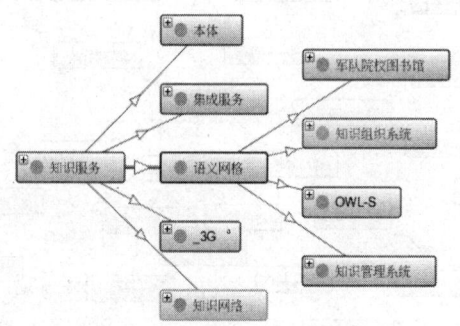

图 6-12　利用"Expand on"→"has subClass"展示类"语义网格"的子类

图 6-13 是利用 OntoGraf 的"Search"功能检索类"语义网络"的关联关系，显示了它的上位类和下位类。

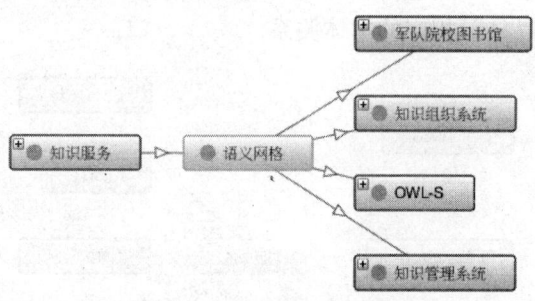

图 6-13　利用"search"检索类"语义网格"的关联关系

此外，OntoGraf 还提供关系的检索功能，使得用户可以对更感兴趣的术语（概念）的关联关系进行考察。

6.2.2　非分类关系可视化

在本研究中，笔者把学科领域术语本体的非分类关系限定为<术语 a，动词，术语 b>三元组关系，可以将"动词"设置为本体中的属性，则术语 a、术语 b 分别来自属性的定义域和值域。

图 6-14 除了显示术语的分类关系外，还显示了术语的非分类关系。分类关系是由实线连接的，而非分类关系则由虚线连接，不同颜色表示不同的非分类关系类型。

学科术语本体构建

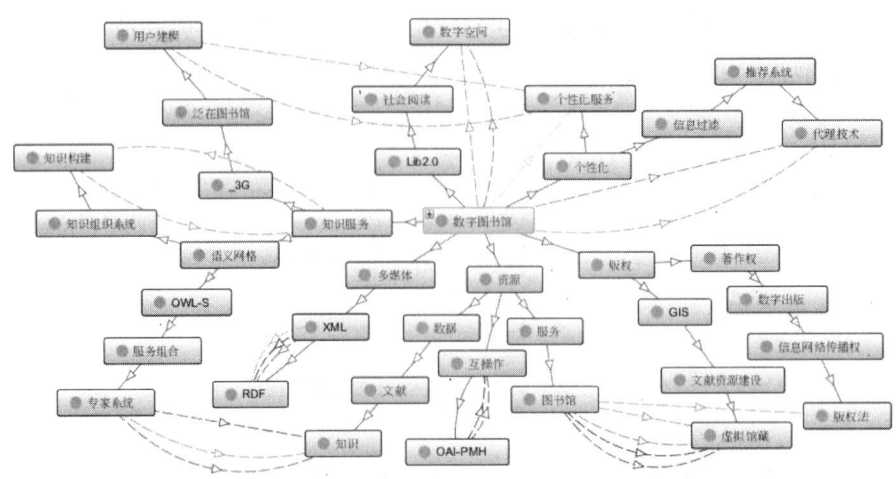

图 6-14　术语分类关系和非分类关系可视化

图 6-15 展示了利用 OntoGraf 的"Search"功能检索类"知识服务"的分类关系和非分类关系。当然也可以通过右击术语标签,选择"Expand on",再选择其下的相关属性以显示相应的本体关系。

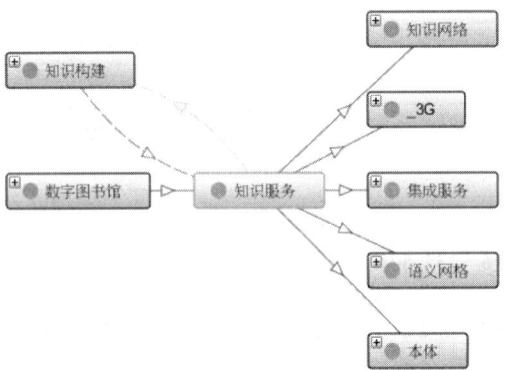

图 6-15　利用"Search"检索概念"知识服务"的关联关系

6.3　本章小结

本章主要探讨了学科领域术语本体的可视化展示。
(1) 对几种重要的知识本体可视化工具 Protégé、ToughGraph 和 Prefuse 进行了深入分析和探讨,总结了每种工具的特征、优点和缺点,并对每种工具的具体使用进行了介绍。

（2）在考虑各种可视化本体构建工具优缺点的基础上，选择 Protégé 的可视化组件 OntoGraf 对"数字图书馆"学科术语本体的分类关系和非分类关系进行了可视化展示。

（3）本书的第 3 章、第 4 章、第 5 章和第 6 章整合在一起便构成了一个完整的领域本体学习系统模型，参见图 6-16。

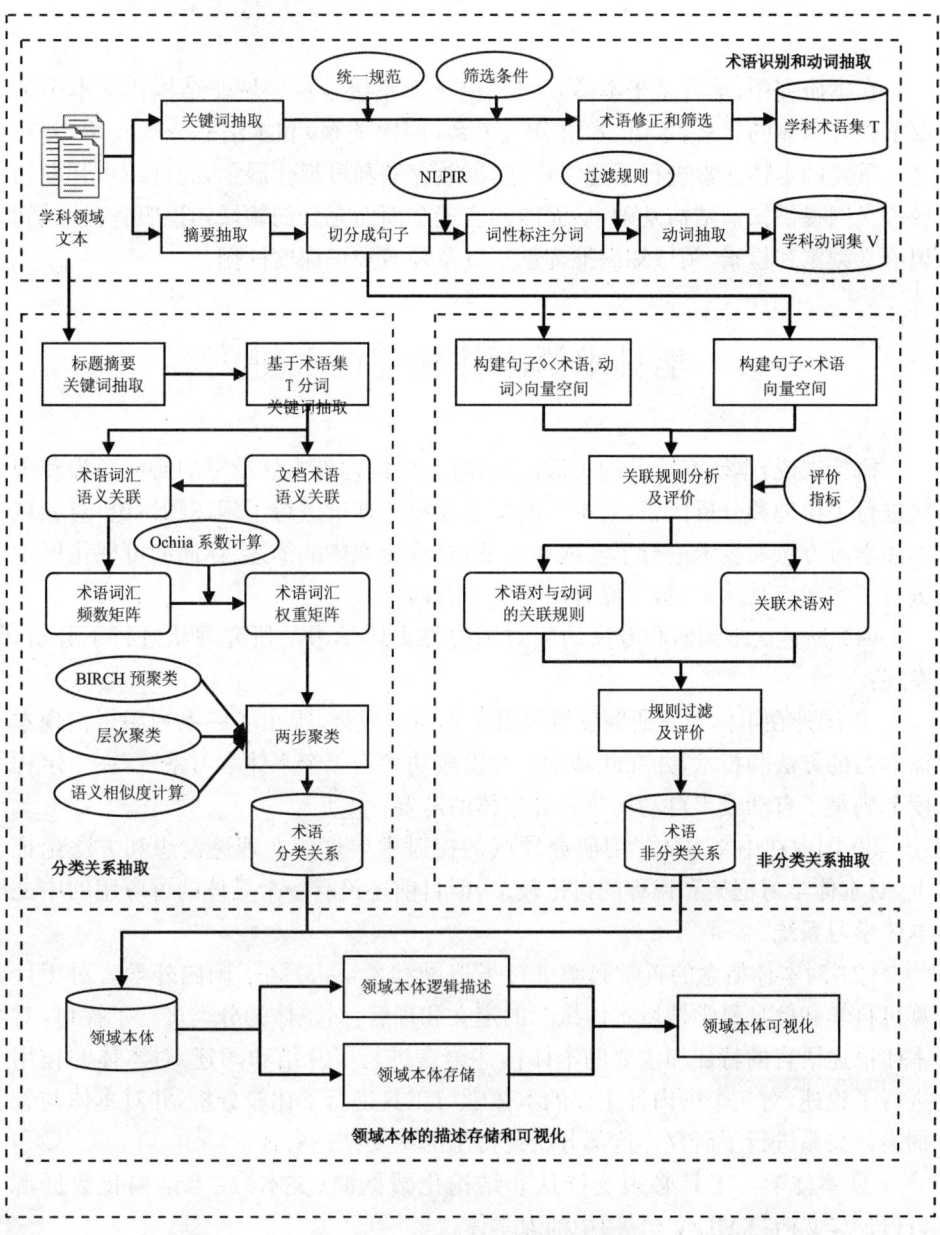

图 6-16 领域本体学习系统模型

第 7 章 总结与展望

在本研究中,笔者基于本体学习理论全面系统地从领域非结构化文本中抽取了领域本体的元素:术语、术语分类关系(层次关系)和术语非分类关系,并对这些重要的本体元素进行了逻辑描述、高效存储和可视化展示,为进一步开发领域语义网提供知识结构基础,从而能够实现全面而充分的领域知识服务:领域知识语义浏览和检索,领域知识推理创新以及领域知识深度挖掘。

7.1 学科术语本体构建的关键内容

概括来说,本研究涉及的关键内容包括:对国内外本体学习的研究历程和现状进行了梳理和分析比较,对本体的概念及相关理论进行了阐述和讨论,对领域本体学习方法和技术进行了实践和验证,对领域本体的描述、存储和可视化展示进行了实现。具体来说,主要有以下 8 个方面:

(1) 通过文献调研和专家访谈对国内外本体学习的研究现状进行了分析,发现:

① 国外在本体学习研究领域取得了丰富的成果,提出了一系列用于实现本体学习的方法和技术,并在此基础上开发成功了若干个本体学习系统,在一定程度上满足了自动或半自动构建领域本体的需要;

② 国内在中文本体学习研究领域的探讨主要聚焦在理论设想和方法论证上,对本体学习框架和流程的讨论较多,但目前还没有一个具体的可应用的中文本体学习系统。

(2) 对本体概念的哲学起源进行了追溯和考证,总结了国内外学者对于计算机科学和信息科学领域本体概念的定义和理解,对本体的分类进行了探讨,对本体描述语言的特征和主要的本体描述语言进行了总结和阐述,对本体的作用进行了论述,对 7 个国内外主要的本体学习工具进行了比较分析,并对本体与叙词表的关系进行了研究。这部分研究得出的主要结论有:

① 本体学习工具必须支持从非结构化数据源(文本)或半结构化数据源(HTML 文档、XML 文档等)中抽取本体;

② 本体学习工具要能综合运用数据挖掘、机器学习、数理统计等方面的方法和技术,以提高本体学习的正确性和可靠性;

③ 支持本体公理获取的学习工具较少,应在这方面加强研究;

④ 支持从中文非结构化文本进行本体学习的工具匮乏,很大原因是因为中文自然语言处理技术的不成熟,所以,中文自然语言处理技术亟待提高,从而促进中文本体学习工具的研究开发。

(3) 构建了基于中文非结构化文档抽取领域本体的系统模型。该模型主要包括5个功能模块:① 领域术语抽取;② 领域动词抽取;③ 术语分类关系抽取;④ 术语非分类关系抽取;⑤ 领域本体描述、存储和可视化展示。

(4) 对领域术语抽取方法进行了探讨和实现。考虑到中文自然语言处理技术的不成熟,笔者以学科领域文献的关键词作为领域术语的候选集,通过词频控制、同义词处理、领域专家干预等方法获得最终的领域术语集,保证了术语集的质量。

(5) 对领域术语分类关系抽取的方法和技术进行了实践和验证,提出首先利用BIRCH算法进行预聚类,然后采用层次聚类这样的两步聚类法获得术语的分类关系,并结合术语综合语义相似度指标为每个聚类类别确定标签,最后由领域专家对聚类结果进行了评价。该聚类方法相比于其他聚类方法有其自身的优势:

① 适用于大型数据集的聚类。BIRCH预聚类采用了巧妙的数据存储方案——CF树,这是一种数据的压缩存储方式,因此可以极大降低聚类挖掘过程中对于内存的占用,适用于大数据集。

② 在给定的聚类数目范围内能自动确定聚类数目。在两步聚类法的第二步即层次聚类过程中,通过两阶段策略自动确定聚类数目:第一阶段以贝叶斯信息准则作为判定标准"粗略"估计聚类数目;第二阶段对第一阶段的"粗略"估计聚类数目进行修正,利用类合并过程中类间差异性最小值变化的相对指标来确定最优的聚类数目。

(6) 对领域动词以及领域术语非分类关系抽取的方法和技术进行了实践和验证。通过中文词性标注分词获取语料中的动词,并利用VF-ICF计算等处理方法获得领域动词。提出利用两重关联规则分析方法抽取术语的非分类关系及其标签,并利用相关评价指标对非分类关系的有效性和实用性进行了控制。

(7) 对关系数据库本体存储模式进行了研究和分析,在此基础上,设计了在关系数据库中存储学科领域术语本体的方案,能对本体进行检索、更新和再利用。

(8) 对本体可视化的必要性和作用进行了阐述,对多种本体可视化工具进行了考察和研究,选择了Protégé中的可视化组件OntoGraf对领域本体进行可

视化展示,因为 OntoGraf 具有以下优点:

① Protégé 具有良好的易用性和可扩展性,支持几乎所有的本体描述语言;

② Protégé 具有友好的图形化用户界面和外部接口,开放性和兼容性强;

③ Protégé 支持对本体进行重构、合并等操作,有利于后续对本体的修改和扩展;

④ OntoGraf 支持对中文本体的可视化展示;

⑤ OntoGraf 支持对多种本体关系的可视化展示,包括分类关系和非分类关系;

⑥ OntoGraf 具有丰富的类目显示功能,可以展示某个类的上位类、下位类以及类的实例,可以对类进行上下位类、实例或其他属性值的显示,可以对某个类进行聚焦,观察该类的下位类,也可以以某个类为检索点,检索与该类有关联的其他类目;

⑦ OntoGraf 提供对本体关系的全面的多角度的展示,展示形式多样化,例如:辐射型、喷泉型、垂直树、水平树等,可以满足用户不同的可视化需求。

7.2 学科术语本体构建中存在的问题

目前,国内外关于本体学习的研究虽然取得了一定的成果,但是,由于本体系统较为复杂,要构建一个全面完善的本体学习系统还很困难。本研究从现有条件出发,尝试构建了一个面向中文非结构化领域文本的本体学习系统模型,并对其中关键组件的功能进行了实现和验证。由于在时间、人力和物力等方面的限制,本研究还存在如下不足之处:

(1) 非结构化文本较短小,影响了从中抽取领域本体元素的精度。在本研究中,笔者选取了领域文献的标题、摘要和关键词组成了非结构化文本,而没有选取全文,因此,信息量较小,影响了后续领域本体元素抽取的准确性和可靠性。

(2) 领域术语自动识别的客观性、全面性和可靠性有待提高。在本研究中,笔者是基于领域文献的关键词抽取领域术语的,虽然关键词能较好地代表领域术语,但由于是由文献作者自行给定,具有主观性。如果是从更长篇幅的非结构化文本中借助中文自然语言处理技术自动抽取,则会具有更高的客观性、全面性和可靠性。然而目前的中文自然语言处理技术还不成熟,利用该技术抽取领域术语的可操作性受到限制。

(3) 领域术语分类关系和非分类关系抽取方法和技术的有效性和优势之处有待进一步验证。在本研究中,笔者从理论上根据抽取方法和技术的优势选取了相应的聚类分析和关联规则分析方法从非结构化文本中抽取术语的分类关系和非分类关系。由于时间、人力和物力的限制,并没有对其他的抽取方法和技术进行实现,这在一定程度上会影响对其他抽取方法和技术实际效果的评判。

(4) 领域术语分类关系和非分类关系抽取效果的评价方法有待进一步完善和扩充。在本研究中,对于分类关系抽取结果的评价是通过随机选取样本由领域专家来进行评价,因此,评价结果一方面受到所抽取样本的影响,另一方面也受到领域专家背景知识和结构的影响。对于非分类关系抽取效果的评价是通过关联规则有效性和实用性的指标值来控制的,在对相应指标的阈值进行设定的时候,是人为进行的,因此具有主观性。

(5) 领域本体关系数据库存储模式有待进一步提高和加强。在确定领域本体存储方式和存储模式的过程中,由于笔者的知识背景和知识结构,设计方案还存在一定的缺陷和不足。

7.3 后续研究

本研究还有很多后续工作有待展开,主要体现在以下这些方面:

(1) 增加非结构化文本的信息量,可以考虑利用领域文献全文抽取领域本体;

(2) 借助最新的中文自然语言处理技术从非结构化文本中自动识别领域术语;

(3) 优化术语分类关系抽取的方法,也可以引入其他的方法和技术,以提高分类关系抽取的全面性和准确性;

(4) 优化术语非分类关系抽取的方法,也可以引入其他的方法和技术,以提高非分类关系抽取的全面性和准确性;

(5) 对本体存储方式和存储模式进一步研究,以提高本体检索、更新和再利用的效率;

(6) 对"数字图书馆"学科领域术语本体的应用展开研究,包括构建相应的语义网,以提供基于知识地图的知识浏览、基于语义匹配的知识检索和基于逻辑推理的知识创新等知识服务;

(7) 开发面向中文非结构化领域文本的本体学习系统,以实现领域本体的自动或半自动构建。

参考文献

[1] Ontology Learning [EB/OL]. http://en.wikipedia.org/wiki/Ontology_learning,2014-05-07.

[2] Colace F,Santo M D,Greco L,et al. Terminological ontology learning and population using Latent Dirichlet Allocation[J]. Journal of Visual Languages and Computing,2014,25(6):818-826.

[3] 朱林立,高炜. 基于 BMRM 迭代排序方法的本体学习算法[J]. 科学技术与工程,2013,13(13):3653—3657.

[4] 侯丽鑫,郑山红,赵辉,等. 基于 P-集合和 FCA 的中文领域本体学习方法[J]. 吉林大学学报(理学版),2013,51(4):659—665.

[5] 王俊华,左万利,彭涛. 面向文本的本体学习方法[J]. 吉林大学学报(工学版),2015,45(1):236—244.

[6] 吕刚,郑诚,王晓峰. 基于仿射传播的本体学习框架研究[J]. 小型微型计算机系统,2014,35(7):1596—1598.

[7] 马迪,李冠宇. 一种基于模糊形式概念分析的模糊本体学习方法[J]. 计算机应用与软件,2014,31(9):166—171.

[8] 程利涛,邢欣,李伟. 基于形式概念的本体学习方法[J]. 电脑开发与应用,2014,27(10):55—58.

[9] Semantic Web Road Map [EB/OL]. http://www.w3.org/DesignIssues/Semantic.html,2014-05-05.

[10] 谷俊. 本体构建技术研究及其应用—以专利预警为例[D]. 南京:南京大学,2012.

[11] Semantic Web [EB/OL]. http://en.wikipedia.org/wiki/Semantic_Web. 2014-05-05.

[12] 语义网 [EB/OL]. http://baike.baidu.com/link?url=NBEP7QD36iYdTv-bFDgXbn_hjBuuVddcx_4X9kQ9z1QkxNmfxy1uy8j64Kynoh2Gbka4FzsFRhSINGN8zZr3Pq,2014-05-05.

[13] Gruber T R. A translation approach to portable ontology specifications[J]. Knowledge Acquisition,1993,5(2):199-220.

参考文献

［14］Arvidsson F，Flycht-Eriksson A. Ontologies 1［EB/OL］. http://www.ida.liu.se/~janma/SemWeb/Slides/ontologies1.pdf，2014-05-19.

［15］本体（信息科学）［EB/OL］. http://zh.wikipedia.org/wiki/本体_（信息科学），2014-05-19.

［16］王森洋. 东西方哲学比较研究（第一版）［M］. 上海：上海教育出版社，1994：97—104.

［17］Perakath C，Benjamin，et al. IDEF5 Method Report［EB/OL］. http://www.idef.com/pdf/Idef5.pdf，2014-05-19.

［18］Gruber T R. Ontology［EB/OL］. http://tomgruber.org/writing/ontology-definition-2007.htm，2014-05-19.

［19］Gruber T R. Toward principles for the design of ontologies used for knowledge sharing［J］. International Journal Human-Computer Studies，1995，43(5-6)：907-928.

［20］Enderton H B. A mathematical introduction to logic［M］. San Diego，CA：Academic Press，1972.

［21］本体（哲学）.［EB/OL］. http://zh.wikipedia.org/wiki/本体论_（哲学），2014-05-19.

［22］Guarino N，Giaretta P. Ontologies and knowledge bases towards a terminological clarification［A］. Preceedings of the 2nd International Conference on Building and SharingVery Large-Scale Knowledge Bases［C］. NETHERLANDS：IOS Press，1995：25-32.

［23］Fensel D. Ontologies［M］. Berlin：Springer Berlin Heidelberg，2001.

［24］Noy N F. Semantic integration：a survey of ontology-based approaches［J］. Acm Sigmod Record，2004，33(4)：65-70.

［25］Fonseca F T，Egenhofer M J，Agouris P，et al. Using ontologies for integrated geographic information systems［J］. Transactions in GIS，2002，6(3)：231-257.

［26］Neches R F，Finin R，Gruber T，et al. Enabling technology for knowledge sharing［J］. AI Magazine，1991，12(3)：36-56.

［27］Borst W N. Construction of engineering ontologies for knowledge sharing and reuse［D］. Enschede：University of Twente，1997.

［28］Fensel D. The semantic web and its languages［J］. IEEEComputer Society，2000，15(6)：67-73.

［29］Noy N F，Mcguinness D L. Ontology development 101：a guide to creating your firstontology［R］. Stanford Knowledge Systems Laboratory

Technical Report KSL-01-05, 2001.

[30] Fonseca F, Egenhofer M, Agouris P, et al. Usingontologies for intergrated geographic information systems[J]. Transactions in GIS, 2002(6): 3.

[31] Research issues in STARLAB[EB/OL]. http://www.starlab.vub.ac.be/website/research, 2014-05-19.

[32] Uschold M. Ontologies principles, methods and applications[J]. Knowledge EngineeringReview, 1996, 11(2): 93-136.

[33] Swartout R P B, Knight K, Russ T. Toward distributed use of large-scale ontologies[J]. Ontological Engineering, 1997: 138-148.

[34] Studer R, Benjamins R, Fensel D. Knowledge engineering: principles and methods[J]. IEEE transactions on data and knowledge engineering, 1998, 25(1/2): 161-197.

[35] 杨学功. 关于ontology的译名问题[J]. 科技术语研究, 2004, 6(4): 15—18.

[36] 张晓林, 李宇. 描述知识组织体系的元数据[J]. 图书情报工作, 2002(2): 64—69.

[37] 刘柏嵩, 高济. 基于RDF的异构信息语义集成研究[J]. 情报学报, 2002(6): 691—695.

[38] 张玉峰, 李敏. 动态约束性概念网络与知识检索研究[J]. 情报学报, 2003, 22(3): 278—281.

[39] 李景. 本体理论及在农业文献检索系统中的应用研究——以花卉学本体建模为例[D]. 北京: 中国科学院文献情报中心, 2006.

[40] Perez A G, Benjamins V R. Overview of knowledge sharing and reuse components: ontologies and problem solving methods[C]. Stockholm V R. IJCAI-99 Workshop on Ontologies and Problem Solving Methods (KRR5), 1999: 1-15.

[41] Disease Ontology Wiki[EB/OL]. http://do-wiki.nubic.northwestern.edu/do-wiki/index.php/Main_Page, 2014-05-20.

[42] 侯阳, 刘扬, 孙瑜. 本体研究综述[J]. 计算机工程, 2011, 37(S): 24—26.

[43] 李景. 主要本体表示语言的比较研究[J]. 现代图书情报技术, 2005(1): 1—4.

[44] Antoniou G, Van Harmelen F. Web ontology language: OWL[J]. Handbook On Ontologies, 2004(2): 45-60.

参考文献

[45] 曹树金,马利霞. 论本体与本体语言及其在信息检索领域的应用[J]. 情报理论与实践,2004,27(6):632—637.

[46] Bechhofer S, Goble C, Horrocks I. Requirements of Ontology Languages[EB/OL]. http://www.academia.edu/2731867/Requirements_of_ontology_languages. 2014-05-21.

[47] 刘遵雄,郑淑娟. 基于一阶逻辑 FOL 的知识交换格式 KIF[J]. 情报杂志,2003,22(8):41—42.

[48] 董明楷,蒋运承,史忠植. 一种带缺省推理的描述逻辑[J]. 计算机学报,2003,26(6):729—736.

[49] 姜恩波. RDF 原理、结构初探[J]. 现代图书情报技术,2001(5):32—33.

[50] 聂规划,傅魁. 基于 Web 的中文本体学习研究[J]. 情报杂志. 2008,27(6):13—16.

[51] RDF [EB/OL]. http://www.w3.org/RDF/,2014-05-22.

[52] RDF1.1 XML Syntax [EB/OL]. http://www.w3.org/TR/2014/REC-rdf-syntax-grammar-20140225/,2014-05-22.

[53] RDF 1.1 Concepts and Abstract Syntax [EB/OL]. http://www.w3.org/TR/2014/REC-rdf11-concepts-20140225/,2014-05-22.

[54] RDF Schema 1.1 [EB/OL]. http://www.w3.org/TR/2014/REC-rdf-schema-20140225/,2014-05-22.

[55] Kless D, Milton S, Kazmierczak E. Relationships and relata in ontologies and thesauri: Differences and similarities[J]. Applied Ontology,2012,7(4):401-428.

[56] 冯志伟. 术语学中的概念系统与知识本体[J]. 术语标准化与信息技术,2006(1):9—15.

[57] 刘华,沈玉兰,曾建勋. 中国、美国和英国叙词表编制国家标准比较研究[J]. 图书情报工作,2009,53(22):72—75.

[58] 贺德方.《汉语主题词表》的回顾与展望[J]. 情报理论与实践,2010,33(2):1—4.

[59] 李景,钱平. 叙词表与本体的区别与联系[J]. 中国图书馆学报,2004,30(1):36—39.

[60] 孙兵. 知识组织工具的发展趋势浅析——基于分类表、叙词表和知识本体的比较研究[J]. 图书馆学刊,2009(11):86—88.

[61] 李金定. 叙词表、元数据与本体之间关系探究[J]. 图书馆学研究,2007,(8):61—64.

[62] Extensible Markup Language (XML) 1.0 [EB/OL]. http://www.w3.org/TR/1998/REC-xml-19980210/,2014-05-22.

[63] XML [EB/OL]. http://zh.wikipedia.org/zh-cn/XML,2014-05-22.

[64] 邓志鸿,唐世渭,杨冬青,等.基于OWL的本体表示和检索技术的研究[J].计算机工程与应用,2002(3):14—15,67.

[65] 袁磊,张浩,陆剑峰.面向领域知识的本体知识模型XML表示框架[J].计算机工程,2006,32(1):186—188,192.

[66] Musen M A. Dimensions of knowledge sharing and reuse[J]. Computers and Biomedical Research,1992,25(5):435-467.

[67] Maedche A. Ontology learning for the semantic web[M]. Norwell: Kluwer Aeademic Publishers,2002:15-17.

[68] Salton G, Wong A, Yang C S. A vector space model for automatic indexing[J]. Communications of the Acm,1975,18(11):613-620.

[69] 关于NLPIR [EB/OL]. http://ictclas.nlpir.org/docs,2014-6-3.

[70] Jones K S. A statistical interpretation of term specificity and its application to retrieval[J]. Journal of Documentation,1972,28(1):11-20.

[71] Salton G, Yu C T. On the construction of effective vocabularies for information retrieval[A]. Proceedings of the 1973 Meeting on Programming Languages and Information Retrieval[C]. New York: ACM,1973,9(3):48-60.

[72] 施聪莺,徐朝军,杨晓江. TFIDF算法研究综述[J].计算机应用,2009,29(6):167—170.

[73] Shannon C E. A mathematical theory of communication[J]. Bell System Technical Journal,1948,27(4):379-423.

[74] 王昊,苏新宁,朱惠.中文医学专业术语的层次结构生成研究[J].情报学报,2014,33(6):594—604.

[75] Rios-Alvarado A B, Lopez-Arevalo I, Sosa-Sosa V J. Learning concept hierarchies from textual resources for ontologies construction[J]. Expert Systems with Applications,2013,40(15):5907-5915.

[76] 温春,石昭祥,张霄.本体概念层次获取方法综述[J].计算机应用与软件,2010,27(9):103—107.

[77] Harries Z S. Mathematical Structures of Language[M]. New York: Wiley,1968.

[78] Miller G A, Charles W. Contextual correlates of semantic similarity [J]. Language and Cognitive Processes,1991,6(1):1-28.

[79] 温春, 石昭祥, 杨国正. 一种利用度属性获取本体概念层次的方法[J]. 小型微型计算机系统, 2010, 31(2): 322—326.

[80] 季培培, 鄢小燕, 岑咏华, 等. 面向领域中文文本信息处理的术语语义层次获取研究[J]. 现代图书情报技术, 2010 (9): 37—41.

[81] 李生琦. 利用概念属性的约束关系构建本体论概念层次[J]. 计算机工程与应用, 2009, 45(19): 45—48.

[82] 林源, 陈志泊, 孙俏. 计算机领域术语的自动获取与层次构建[J]. 计算机工程, 2011, 37(2): 172—174.

[83] 彭成, 季佩佩. 基于确定性退火的中文术语语义层次关联研究[J]. 计算机应用研究, 2011, 28(9): 3235—3238.

[84] Tong Bo. Research on extraction method for taxonomic relation among conceptions of tea-science field ontology [J]. Agricultural Science & Technology, 2010, 11(11-12): 180-182.

[85] 谷俊, 朱紫阳. 基于聚类算法的本体层次关系获取研究[J]. 现代图书情报技术, 2011(12): 46—51.

[86] 万韬, 徐德智. 一种基于文档聚类的本体学习方法[J]. 计算机与信息技术, 2009 (12): 50—53.

[87] 薛薇, 陈欢歌. Clementine 数据挖掘方法与应用[M]. 北京: 电子工业出版社, 2010: 242, 281.

[88] 张文彤, 董伟. SPSS 统计分析高级教程[M]. 北京: 高等教育出版社, 2004: 237.

[89] 张斌, 刘增良, 余达太, 等. 基于粗糙集和模糊聚类的政务本体学习模型[J]. 计算机工程与应用. 2010, 46(25): 19—22.

[90] 温春, 石昭祥, 辛元. 基于扩展关联规则的中文非分类关系抽取[J]. 计算机工程, 2009, 35(24): 63—65.

[91] 王岁花, 赵爱玲, 马巍巍. 从 Web 中提取中文本体非分类关系的方法[J]. 计算机工程与设计, 2010, 31(2): 451—454.

[92] Girju R, Moldovan D. Text mining for causal relations[A]. Proc. of the FLAIRS Conference [C]. Florida: AAAI Press, 2002: 360-364.

[93] Ciramita M. Unsupervised learning of semantic relations between concepts of a molecular biology ontology[A]. Proc. Of the 19th International Joint Conference on Artificial Intelligence [C]. Edinburgh, UK: [s. n.], 2005.

[94] Maedche A, Staab S. Discovering conceptual relations from text[A]. Proc. of the 12th International Conference on Software and Knowledge Engineering[C]. Berlin, Germany: [s. n.], 2000: 321-325.

[95] Kavalec M, Svatek V. A study on automated relation labelling in ontology learning [EB/OL]. http://nb.vse.cz/~svatek/olp05.pdf, 2014-05-25.

[96] Sánchez D, Moreno A. Learning non-taxonomic relationships from web documents for domain ontology construction[J]. Data & Knowledge Engineering, 2008, 64(3): 600-623.

[97] Mei K W, Abidi S S R, Jonsen I D. A multi-phase correlation search framework for mining non-taxonomic relations from unstructured text[J]. Knowledge and Information Systems, 2014, 38(3): 641-667.

[98] Villaverde J, Persson A, Godoy D, et al. Supporting the discovery and labeling of non-taxonomic relationships in ontology learning[J]. Experts Systems with Applications, 2009, 36(7): 10288-10294.

[99] Weichselbraun A, Wohlgenannt G, Scharl A. Refining non-taxonomic relation labels with external structured data to support ontology learning [J]. Data & Knowledge Engineering, 2010, 69(8): 763-778.

[100] Serra I, Girardi R, Novais P. Evaluating techniques for learning non-taxonomic relationships of ontologies from text[J]. Experts Systems With Applications, 2014, 41(11): 5201-5211.

[101] 董丽丽,胡云飞,张翔. 一种领域概念非分类关系的获取方法[J]. 计算机工程与应用, 2013, 49(4): 157—161.

[102] 古凌岚,孙素云. 基于语义依存的中文本体非分类关系抽取方法[J]. 计算机工程与设计, 2012, 33(4): 1676—1680.

[103] 邱桃荣,黄海泉,段文影,等. 非分类关系学习的粒计算模型研究[J]. 南昌大学学报(工科版), 2012, 34(3): 273—278.

[104] 王红,高斯婷,潘振杰,等. 基于NNV关联规则的非分类关系提取方法及其应用研究[J]. 计算机应用研究, 2012, 29(10): 3665—3668.

[105] 张立国,陈荔. 维基百科中基于语义依存的领域本体非分类关系获取方法研究[J]. 情报科学, 2014, 32(6): 93—97.

[106] 谷俊,严明,王昊. 基于改进关联规则的本体关系获取研究[J]. 情报理论与实践, 2011, 34(12): 121—125.

[107] Cover H M, Thomas J A. 信息论基础[M]. 阮吉寿,张华,译. 北京:机械工业出版社, 2005.

[108] 舒万里. 中文领域本体学习中概念和关系抽取的研究[D]. 重庆:重庆大学, 2012.

[109] 杜小勇,李曼,王珊. 本体学习研究综述[J]. 软件学报, 2006, 17

(9):1837—1847.

[110] 张瑞玲,王文斌,王秀峰,等.实例驱动的自适应本体学习[J].计算机工程与应用.2009,45(28):31—34.

[111] Web Ontology Language (OWL)[EB/OL]. http://www.w3.org/2001/sw/wiki/OWL,2014-9-13.

[112] 王岁花,张晓丹,王越.基于关系数据库的OWL本体存储及查询方法[J].河南师范大学学报(自然科学版),2012,40(2):159—162.

[113] 薛建武,白燚.本体拓扑结构关系存储研究[J].现代图书情报技术,2012,219(5):26—30.

[114] 常万军,任广伟.OWL本体存储技术研究[J].计算机工程与设计,2011,32(8):2893—2896.

[115] 罗军,陈波.关系数据库存储OWL本体方法的研究[J].计算机工程,2010,36(21):71—75.

[116] 邱彦章,郭亮.基于关系数据库的大规模网络本体存储与查询研究[J].微电子学与计算机,2011,28(12):138—140.

[117] 李勇,李跃龙.基于关系数据库存储OWL本体的方法研究[J].计算机工程与科学,2008,30(7):105—107.

[118] 杨炜辰,凌海风,武鹏,等.基于关系数据库的本体存储模式[J].四川兵工学报,2013,34(4):111—115.

[119] 傅柱,王曰芬,孙铭丽.本体存储技术研究综述[J].情报理论与实践,2013,36(9):118—123.

[120] Wang E, Kim Y S, Kim H S, et al. Ontology modeling and storage system for robot context understanding [A]. Proceedings of the 9th International Conference on Knowledge-Based Intelligent Information and Engineering Systems[C]. Berlin: SPRINGER-VERLAG,2005:922-929.

[121] Kim J, Jeong D, Doo-Kwon B. Performance evaluation of XPath form-based ontology storage model regarding query processing and ontology update[A]. Proceedings of the 3rd International Conference on Convergence and Hybrid Information Technology[C]. Los Alamitos: IEEE Computer Soc,2008:1067-1074.

[122] Bukatovic M, Horak A, Rambousek A. Which XML storage for knowledge and ontology systems? [A]. Proceedings of the 14th International Conference on Knowledge-Based and Intelligent Information and Engineering Systems[C]. Berlin: SPRINGER-VERLAG,2010:432-441.

[123] Khalid A, Shah S A H, Qadir, M A. OntRel: An ontology indexer

to store OWL-DL ontologies and its instances[A]. Proceedings of the International Conference of Soft Computing and Pattern Recognition[C]. New York: IEEE, 2009: 478-483.

[124] Kiryakov A, Ognyanov D, Manov D. OWLIM-A pragmatic semantic repository for OWL[A]. Proceedings of the 6th International Workshop on Web Information Systems Engineering[C]. Berlin: SPRINGER-VERLAG, 2005: 182-192.

[125] Kopena J, Regli W C. DAMLJessKB: A tool for reasoning with the Semantic Web[A]. Proceedings of the 2nd International Semantic Web Conference[C]. Berlin: SPRINGER-VERLAG, 2003: 628-643.

[126] 常万军, 苏强林. OWL 本体存储模式研究[J]. 计算机工程与科学, 2011, 33(10): 135—139.

[127] 史一民, 李冠宇, 刘宁. 语义网服务中本体服务综述[J]. 计算机工程与设计, 2008, 29(23): 5976—5980.

[128] 鲍文, 李冠宇. 本体存储技术研究[J]. 计算机技术与发展, 2008, 18(1): 146—150.

[129] 李洁. 本体存储模式研究[J]. 中国科技信息, 2007, (21): 118—120.

[130] 朱姬凤, 马宗民, 吕艳辉. OWL 本体到关系数据库模式的映射[J]. 计算机科学, 2008, 35(8): 165—169.

[131] 乐超, 王晓军. 本体存储技术研究[J]. 电信快报, 2010(7): 33—36.

[132] 陈光仪, 陈德智. RDFS 本体在关系数据库中的存储研究[J]. 计算机与数字工程, 2008, 36(12): 188—190.

[133] 施伟斌, 孙未来, 施伯乐. 数据的结构化处理方法[J]. 计算机研究与发展, 2002, 39(7): 819—826.

[134] 李常友. 面向对象数据库在本体存储中的应用研究[D]. 武汉: 武汉理工大学, 2010.

[135] Yang K A, Yang H J, Yang J D, et al. Bio-ontology construction using object-oriented paradigm[A]. Proceedings of the 12th Asia-Pacific Software Engineering Conference[C]. Los Alamitos: IEEE Computer Soc, 2005: 317-322.

[136] 张兄利. 基于本体的面向对象数据库模型研究[D]. 合肥: 合肥工业大学, 2007.

[137] 李曼, 王琰, 赵益宇, 等. 基于关系数据库的大规模本体的存储模式研究[J]. 华中科技大学学报(自然科学版), 2005, 33(Sup.): 217—220.

[138] 郗君甫. 基于本体的关系数据库关键词语义查询扩展方法[J]. 燕山

大学学报,2010,34(3):231—236.

[139] Pan Z X, Heflin J. DLDB: extending relational database to support semantic Web queries[A]. Proceedings of the 1st PSSS[C]. Santa Barbara: Informal Proceedings, 2003: 43-48.

[140] 许卓明,黄永菁. 从 OWL 本体到关系数据库模式的转换[J]. 河海大学学报(自然科学版),2006,34(1):95—99.

[141] Robertson G, Card S K, Mackinlay J D. The cognitive coprocessor Architecture for interactive user interfaces[A]. Proceedings of the Acm Siggraph Symposium on User Interface Software and Technology[C]. New York: Assoc Computing Machinery, 1989:10-18.

[142] 周宁,张会平,陈勇跃. 信息可视化与知识组织[J]. 现代图书情报技术,2006(7):62—65.

[143] 董慧,王超. 本体应用可视化研究[J]. 情报理论与实践,2009,32(12):116—120.

[144] PRODUCTS [EB/OL]. http://www.touchgraph.com/navigator,2015-01-04.

[145] introduction>overview [EB/OL]. http://prefuse.org/doc/manual/introduction/overview/,2015-01-05.

[146] Protégé [EB/OL]. http://protege.stanford.edu/products.php,2015-01-02.

[147] Topic-Visualization [EB/OL]. http://protegewiki.stanford.edu/wiki/Visualization,2015-01-02.

[148] 李景. 主要本体构建工具比较研究(下)[J]. 情报理论与实践,2006(2):222—226.

[149] 彭敏惠,司莉. Protégé 本体构建工具应用调查分析[J]. 图书情报工作,2008,52(1):28—30.

[150] 张欢欢,宋良图,魏圆圆,等. 一种本体编辑及可视化工具[J]. 计算机系统应用,2012,21(4):115—119.

[151] 张玉峰,周磊,王志芳,等. 领域本体构建与可视化展示研究[J]. 情报理论与实践,2012,35(10):95—98.

[152] Maedche A, Staab S. The text-to-onto ontology learning environment[C]. Citeseer, 2000.

[153] Maedche A, Staab S. Ontology learning for the semantic web[J]. Intelligent Systems IEEE, 2001, 16(2): 72-79.

[154] Agrawal R, Somani A, Xu Y. Storage and querying of e-commerce

data[A]. Proceedings of the 27th VLDB[C]. Roma：Morgan Kaufman Publishers Inc，2001：149-158.

[155] Brewster C，Ciravegna F，Wilks Y. User-centred ontology learning for knowledge management[J]. Natural Language Processing and Information Systems，2002：203-207.

[156] Missikoff M，Navigli R，Velardi P. Integrated approach to web ontology learning and engineering[J]. Computer，2002，35(11)：60-63.

[157] Kavalec M，Svaték V. A study on automated relation labelling in ontology learning[J]. Ontology Learning from Text：Methods，Evaluation and Applications. 2005：44-58.

[158] Li M，Du X Y，Wang S. Learning ontology from relational database[C]. International Conference on Machine Learning and Cybernetics，2005，6：3410-3415.

[159] Weber N，Buitelaar P. Web-based ontology learning with isolde[C]. Citeseer，2006.

[160] Buitelaar P，Cimiano P. Ontology learning and population：bridging the gap between text and knowledge[M]. Ios Pr Inc，2008：3-26.

[161] Buitelaar P，Cimiano P. Ontology learning and population：bridging the gap between text and knowledge[M]. Ios Pr Inc，2008：91-104.

[162] Buitelaar P，Cimiano P. Ontology learning and population：bridging the gap between text and knowledge[M]. Ios Pr Inc，2008：171-195.

[163] Gulla J A，Borch H O，Ingvaldsen J E. Ontology learning for search applications[C]. Otm Confederated International Conference on the Move to Meaningful Internet Systems：Coopis，2007：1050-1062.

[164] Ciaramita M. Supersence tagging of unknown nousn in wordnet[C]. Empirical Methods in Natural Language Processing 2003. Sapporo，Japan.

[165] 刘柏嵩,高济. 面向知识网格的本体学习研究[J]. 计算机工程与应用. 2005，41(20)：1—5.

[166] 刘柏嵩. 一种基于Web的通用本体学习框架[J]. 计算机工程. 2008，34(8)：229—231.

[167] 梁健,吴丹. 种子概念方法及其在基于文本的本体学习中的应用[J]. 图书情报工作. 2006，50(9)：18—21.

[168] 梁健,王惠临. 基于文本的本体学习方法研究[J]. 情报理论与实践，2007，(1)：112—115，17.

[169] 王红滨,刘大昕,王念滨,等. 基于非结构化数据的本体学习研究[J]. 计算机工程与应用. 2008，44(26)：30—33.

图书在版编目(CIP)数据

学科术语本体构建 / 朱惠著. —南京：南京大学出版社，2018.9
ISBN 978-7-305-20975-8

Ⅰ.①学⋯　Ⅱ.①朱⋯　Ⅲ.①专业—术语—研究　Ⅳ.①H083

中国版本图书馆 CIP 数据核字(2018)第 219670 号

出版发行	南京大学出版社		
社　　址	南京市汉口路 22 号	邮　编	210093
出 版 人	金鑫荣		

书　　名　学科术语本体构建
著　　者　朱　惠
责任编辑　卢文婷

照　　排　南京紫藤制版印务中心
印　　刷　常州市武进第三印刷有限公司
开　　本　787×1092　1/16　印张 10.5　字数 200 千
版　　次　2018 年 9 月第 1 版　2018 年 9 月第 1 次印刷
ISBN　978-7-305-20975-8
定　　价　36.00 元

网　　址　http://www.njupco.com
官方微博　http://weibo.com/njupco
官方微信　njupress
销售咨询　(025)83594756

* 版权所有，侵权必究
* 凡购买南大版图书，如有印装质量问题，请与所购图书销售部门联系调换